Bernd Stöver

Kleine Geschichte **Berlins**

Während andere europäische Metropolen mit historischen Stadtkernen aufwarten, wurden in Berlin Zeugnisse früherer Epochen immer wieder zerstört. Wo sich die mittelalterlichen Kaufmannssiedlungen Berlin und Cölln befanden, lässt sich nur noch erahnen, das Schloss ist abgeräumt, und wo genau die Mauer stand, wissen selbst Berliner oft nicht mehr. Aber gerade die Leerstellen und Neuanfänge zeugen von einer bewegten Geschichte. Bernd Stöver erzählt anschaulich die rund 800-jährige Entwicklung Berlins von der Gründung eines Handelspostens an der Spree über den Aufstieg zur preußischen und deutschen Hauptstadt bis zur Gegenwart. Sein besonderes Augenmerk gilt dabei der Entwicklung der Metropole seit dem 19. Jahrhundert, die gerade wegen der vielen historischen Brüche Aussteiger, Kreative und Querdenker aus aller Welt magisch anzieht.

Bernd Stöver, geb. 1961, lehrt nach Stationen in Bielefeld und Washington D. C. als Professor Neuere Geschichte mit Schwerpunkt Neueste Geschichte und Zeitgeschichte an der Universität Potsdam. Bei C. H. Beck erschienen von ihm u. a. «Der Kalte Krieg» (3. Aufl. 2008), «Zuflucht DDR» (2009) sowie zuletzt «United States of America. Geschichte und Kultur. Von der ersten Kolonie bis zur Gegenwart» (2012).

Bernd Stöver

Kleine Geschichte Berlins

C.H.Beck

Mit 10 Abbildungen und 5 Karten

© Verlag C.H.Beck oHG, München 2012
Satz: Fotosatz Amann, Aichstetten
Druck und Bindung: Druckerei C.H. Beck, Nördlingen
Umschlagentwurf: Geviert – Büro für Kommunikationsdesign,
München, Michaela Kneißl
Umschlagabbildung: Lesser Ury, Friedensallee mit Siegessäule, 1926,
© bpk / Jürgen Liepe
Printed in Germany
ISBN 978 3 406 64049 0

www.beck.de

Inhalt

1. Von Cölln nach Berlin:
Mittelalterliche Stadtgründung und Aufstieg
1237–1688

Eine Doppelstadt

Berlin hat im Vergleich zu anderen deutschen Städten und
erst recht zu anderen europäischen Metropolen eine kurze
Geschichte. Zwar reichen die Spuren dauerhafterer mensch-
licher Besiedlung an den Flüssen Spree und Havel bis ins
4. Jahrtausend v. Chr. zurück, wie Funde im heutigen Berliner
Stadtteil Schmöckwitz im Bezirk Treptow-Köpenick zeigen.
Bis ins Hochmittelalter standen hier aber nur verstreute ger-
manische und dann vor allem slawische Siedlungen. Seit dem
10. nachchristlichen Jahrhundert dehnte das Deutsche Reich
seine Territorialherrschaft hierher aus.

Die Doppelstadt Cölln-Berlin, rechts und links der Spree,
aus der das heutige Berlin hervorging, war eine deutsche
Kaufmannsgründung im lange Zeit slawisch dominierten
Osten. In ihrer Bedeutung blieb sie zunächst weit hinter
Brandenburg an der Havel, der Hauptstadt der 1157 durch
Albrecht den Bären etablierten Mark Brandenburg, zurück.
Beide Teile des späteren Berlins waren wohl Marktplätze, die
man auf einer Flussinsel (Cölln) und am östlichen Ufer (Berlin) gegründet hatte. Vermutlich geht der Ortsname Berlin
auf den slawischen Begriff für einen trockenen Bereich innerhalb eines Sumpfgebietes zurück (*brlo*). Den Namen für die
zunächst bedeutendere Schwesterstadt Cölln lieh man sich
dagegen wohl von dem am Rhein liegenden Vorbild. Vielleicht war es aber auch nur die unspezifische Bezeichnung für

eine geplante Ansiedlung (*colonia*). Dass weder für Cölln noch für Berlin Gründungsurkunden gefunden worden sind, zeigt vor allem, wie unbedeutend diese Flecken zunächst waren. Nachbarorte hatten Gründungsurkunden. Für das westlich vor den Toren Berlins gelegene, bis 1920 selbstständige Spandau datiert sie auf das Jahr 1232. Bereits im 8. Jahrhundert stand hier eine slawische Burg. Auch das ebenfalls 1920 eingemeindete Köpenick war älter. Hier stand bereits Mitte des 12. Jahrhunderts – einhundert Jahre vor der ersten urkundlichen Erwähnung 1210 – die Hauptburg der slawischen Spreewanen.

Die erste urkundliche Erwähnung Cöllns datiert auf das Jahr 1237 und kam nur deshalb zustande, weil der dortige Pfarrer Symeon als Zeuge für einen Steuerstreit zwischen dem Markgrafen und dem Bischof von Brandenburg auftrat. Sieben Jahre später erschien dann auch Berlin in den Akten, allerdings ebenso beiläufig. Besagter Cöllner Pfarrer war dort nun Propst geworden. Noch einmal sieben Jahre später wurde Berlin endlich auch juristisch als Stadt (*civitas*) genannt. Wie ungerecht Überlieferungen sind, zeigt sich daran, dass das ältere und bedeutendere Cölln sogar erst 1261 als Stadt erwähnt wurde.

Der Ausbau zu einem nennenswerten Handelsplatz hatte um das Jahr 1240 unter den gemeinsam das Land regierenden askanischen Markgrafenbrüdern Johann I. (1220–1266) und Otto III. (1220–1267) begonnen. Die Stadtkerne bildeten sich um die Kirchen St. Petri an der heutigen Gertraudenstraße in Cölln, deren Reste 1964 abgetragen wurden, und St. Nikolai in Berlin, im heutigen Nikolaiviertel. Jüngste Ausgrabungen zeigen, dass die ältesten erhaltenen Überreste der mittelalterlichen Doppelstadt allerdings fast fünfzig Jahre älter sind. Ihre Bewohner kamen vornehmlich aus den anderen Herrschaftsgebieten der Askanier nordöstlich des Harzes. Sie stammten aber auch vom Niederrhein und aus Flandern, von wo sie zum Teil angeworben, zum Teil aus eigenem Entschluss nach Berlin oder Cölln gezogen waren.

Die Doppelstadt stieg aufgrund ihrer günstigen Lage und der gezielten Förderung durch die askanischen Markgrafen rasch auf. Dass man an Berlin nicht vorbeikam, lag weniger an den Wasserwegen als an den Fernstraßen, die sowohl von Nord nach Süd, von Stettin in Richtung Leipzig, als auch von West nach Ost, von Magdeburg nach Frankfurt an der Oder führten. Die Spree erlaubte vor allem den Weitertransport in Richtung Hamburg. Der lukrative Handel mit der Hanse, die den Ostseeraum beherrschte, brachte auch der Doppelstadt gute Gewinne. Die Berliner Kaufleute wurden durch den Fernhandel reich. Weitere verkehrstechnische Vorteile stellten sich ein, als im 13. Jahrhundert der Mühlendamm gebaut wurde, denn mit der nun aufgestauten Spree waren die Schiffer gezwungen, in Berlin ihre Waren von der Unter- auf die Oberspree und umgekehrt umzuladen. Das sogenannte Niederlagerecht in Cölln-Berlin zwang die einfahrenden Händler, ihre Waren in der Stadt anzubieten oder aber sich durch eine Gebühr davon freizukaufen.

Aber auch die Umgebung Cölln-Berlins, zu der damals 32 Dörfer des brandenburgischen Umlands gehörten, war ein wichtiges Absatzgebiet und der Versorgungsraum für die schnell wachsende Doppelstadt. Die Bauern kamen regelmäßig auf die Märkte, von denen Berlin zwei und Cölln einen besaß. Die ländliche Bevölkerung, die hier ihre Waren anbot, wurde ebenfalls abgabepflichtig. Neben dem Marktzoll entrichtete sie unter anderem für das verordnete Mahlen des Korns eine Gebühr in der Stadt. Und hier lag vielleicht das Erfolgsgeheimnis: Cölln-Berlin brachte den Markgrafen mehr Geld ein als die anderen märkischen Städte.

Das Geld, das in die Doppelstadt strömte, war im 13. Jahrhundert auch die Grundlage für den ersten großen Stadtausbau. Berlin und Cölln wurden nun wie andere mittelalterliche

Städte mit Ringmauern und Stadttoren ausgestattet. Das schützte vor Angreifern, aber auch gegen Steuerflüchtlinge. Ein letztes Stück der mittelalterlichen Befestigung aus Feldsteinen hat sich bis heute an der Waisenstraße im Bezirk Mitte erhalten. Langfristig allerdings behinderten die immer wieder erneuerten und ausgebauten Mauern das Wachstum, doch erst 1869 konnten sie weitgehend beseitigt werden. Der Reichtum der Stadt kam den Stadtkirchen zugute, aber auch die in der Stadt ansässigen Franziskaner und Dominikaner errichteten eigene Sakralbauten. Die Markgrafen standen nicht zurück und schufen sich in Berlin eine eigene Repräsentanz, das sogenannte Hohe Haus. Urkundlich 1261 zum ersten Mal erwähnt, blieb es allerdings in der Regel verwaist, weil die Markgrafen noch lange Zeit Spandau bevorzugten. Erst 1931 wurde das Hohe Haus abgebrochen – damals nicht zuletzt auch ein Opfer des fehlenden Denkmalschutzes.

Der Erfolg als Handelsplatz, an dem natürlich nicht nur die Kaufleute beteiligt waren, sondern auch die Zünfte, ließ auch in Cölln-Berlin rasch die Grenzen der mittelalterlichen Stadtverfassung deutlich werden. Regulär gab es zwei Schultheißen, die als Rechtsvertreter der Markgrafen von Brandenburg auftraten und zudem die niedere Stadtgerichtsbarkeit sowie den Stadtrat leiteten. Die beiden Ratsversammlungen wählten eine gemeinsame Vertretung sowie den Bürgermeister der Doppelstadt. Zum Problem in den Augen der Handwerkszünfte wurde, dass der Rat durch die wohlhabend gewordenen Kaufleute dominiert wurde, die vor allem ihre eigenen Interessen schützten. Die auf politische Teilhabe drängenden Zünfte setzten sich erst 1346 und nur zum Teil durch, als sie auf Veranlassung des Markgrafen aus Berlin vier und aus Cölln zwei Vertreter in den Rat entsenden konnten. Damit gehörte immerhin ein Drittel der Sitze ihnen.

1307 beurkundete der brandenburgische Markgraf Hermann der Lange rechtsverbindlich die Union von Cölln und Berlin. Auf der Langen Brücke (heute Rathausbrücke) zwischen den Städten wurde ein gemeinsames Rathaus errichtet. Im gemeinsamen Magistrat der Doppelstadt hatte nun bereits die Berliner Seite mehr Stimmen. Obwohl weiterhin finanziell getrennt, organisierte man jetzt auch die Verteidigung beider Städte sowie die Außenbeziehungen gemeinsam. Ein Jahr später wurde dazu ein erstes Bündnis mit anderen märkischen Städten geschlossen, das allmählich weiter ausgebaut wurde und auch den Wohlstand zu garantieren schien.

Die ruhigen Zeiten waren allerdings bald vorbei. 1320 starb mit dem noch minderjährigen Heinrich II. (1319–1320) der letzte Askanier, worauf Kaiser Ludwig IV. (der Bayer) die Mark Brandenburg 1323 als Lehen zurücknahm, um sie seinem ebenfalls unmündigen Sohn Ludwig V. (1323–1351) zu übergeben. Über die nächsten knapp neunzig Jahre wurde die Mark zunächst von Markgrafen aus den verfeindeten Geschlechtern der Wittelsbacher (1323–1373) und der Luxemburger (1373–1411) verwaltet, die gleichzeitig ihre Konkurrenz um die deutsche Königskrone ausfochten. Zeitweilig bekriegten sie sich sogar ernsthaft, so in der berühmt-berüchtigten Auseinandersetzung um den «falschen Woldemar». Er war 1348 aufgetaucht und von den Luxemburgern als wieder auferstandener askanischer Markgraf gegen die Wittelsbacher präsentiert worden. Mit diesem Taschenspielertrick erreichte man immerhin, dass die Mark geteilt wurde. Auch Cölln-Berlin lief mit dem Großteil der märkischen Städte zum vermeintlich echten askanischen Markgrafen über. Die Sache war erst sieben Jahre später wirklich ausgestanden, als die Luxemburger die Mark Brandenburg den Wittelsbachern schlicht abkauften. Trotz des peinlichen Geschiebes wurden die brandenburgischen Markgrafen politisch mächtiger. Seit 1356 gehörten sie zum elitären Kreis der sieben deutschen Kurfürsten, die das Wahlgremium für den deutschen König bildeten.

Im selben Jahr, als man mit der Entscheidung für den vermeintlich echten Askanier bereits selbst für genügend Probleme gesorgt hatte, erreichte der Schwarze Tod den Berliner Raum. Wie man heute weiß, war es in dieser ersten Welle wahrscheinlich nicht die durch Bakterien ausgelöste Pest, sondern ein durch Viren verursachtes hämorrhagisches Fieber, das auch im märkischen Raum zahlreiche Opfer innerlich verbluten ließ. Die hilflosen Cölln-Berliner reagierten auf das Unerklärliche mit einem antijüdischen Pogrom. Obwohl wenige Jahre später bereits wieder einige jüdische Familien einwanderten, dauerte es noch lange, bis sich das jüdische Leben unter dem ohnehin verbreiteten Antisemitismus wieder erholte. Neben Schwarzem Tod und Pogromen waren es die beiden großen Brände 1376 und 1380, die das Stadtleben für einige Zeit erheblich beeinträchtigten. Trotzdem lebten innerhalb der Union Cölln-Berlin am Ende des 14. Jahrhunderts noch etwa 8000 Menschen. Im Vergleich mit den großen Metropolen war das ausgesprochen wenig. In Köln am Rhein, der im Spätmittelalter größten Stadt Deutschlands, lebten damals bereits fünf Mal so viele Menschen.

Die Lage Cölln-Berlins verschlechterte sich weiter, als am Ende des Jahrhunderts durch den Wandel der Kriegstechnik erhebliche Teile des Ritteradels im Osten Deutschlands verarmten. Eine Folge davon war auch in Brandenburg das Raubrittertum, das eine Zeitlang die Handelsverbindungen nachhaltig störte. Im Märkischen waren es vor allem die Quitzows, unter denen die Cölln-Berliner litten. Ihre mit großen Hoffnungen begonnene Außen- und Verteidigungspolitik war gegen Raubritter schlicht machtlos. Die Bürgerwehr erwies sich als den Berufskriegern hoffnungslos unterlegen.

Berlin und Cölln um 1400
Grundriss auf der Grundlage der Pläne von Memhardt (um 1650)
und Lindholz (um 1660) sowie der Ausgrabungen im Schlossbereich

1 Nikolaikirche	11 Kramhaus	19 Spandauer Tor
2 Petrikirche	12 Kalandshof	20 Oderberger Tor
3 Marienkirche	13 Alter Hof	(Georgentor)
4 Franziskaner-	14 Mühlenhof	21 Stralauer Tor
kloster	15 Jüdenhof	22 Köpenicker Tor
5 Dominikaner-	16 Hof des Klosters	23 Teltower Tor
kloster	Zinna	(Gertraudentor)
6 Heiliggeistspital	17 Hof des Klosters	24 Mühlendamm
7 Georgenspital	Lehnin	25 Neue (Lange)
8 Gertraudenspital	18 Hof des Bischofs	Brücke (mit
9 Berliner Rathaus	von Branden-	gemeinsamem
10 Cöllner Rathaus	burg	Rathaus)

In dieser scheinbar ausweglosen Situation erhielt die Doppelstadt Hilfe von einem Fachmann, der eine neue Ära einleitete, die erst fünfhundert Jahre später, im November 1918, endete: Der deutsche König, der damals gleichzeitig als brandenburgischer Kurfürst Sigismund von Luxemburg amtierte (1378–1388 und 1411–1415), schickte seinen Nürnberger Burggrafen Friedrich VI. von Hohenzollern als «Verweser und Hauptmann» ins Brandenburgische, um aufzuräumen. Unter seiner sachkundigen Leitung entledigten sich die märkischen Städte 1414 unter anderem der Quitzows und konnten auch die in die Mark eingefallenen Pommern abwehren. Am 18. Oktober 1415 wurde ihm auf dem Konzil in Konstanz offiziell vom König der erbliche Titel eines Markgrafen und Kurfürsten verliehen. Zwei Jahre später erhielt er als Friedrich I. die Kurmark zum Lehen und den damit verbundenen Titel des Erzkämmerers des Deutschen Reiches.

Den Preis für die Hilfe zahlten die Cölln-Berliner, als Friedrich I. seinen Sohn Johann 1426 zum Statthalter ernannte und dieser seine Herrschaft nun auf Kosten der Doppelstadt ausdehnte. Zur gemeinsamen Verteidigung gegen diesen Angriff schloss sich die Doppelstadt 1432 endgültig zusammen. Zum Eklat mit den Berlinern kam es, als Johanns jüngerer Bruder Friedrich II. («Eisenzahn»), der 1440 das Amt des brandenburgischen Markgrafen und Kurfürsten übernahm, sich entschloss, eine Burg in ihrer Stadt zu errichten. Die Cölln-Berliner waren so erbost, dass sie 1448 nicht nur den Bauplatz für die kurfürstliche Residenz und die Kanzlei des Landesherrn verwüsteten, sondern auch den von ihm eingesetzten Richter gefangen nahmen. Der Aufstand scheiterte am Ende, wie so vieles, was die Berliner in dieser Zeit in Angriff nahmen. Die Ikonographie des neuen Stadtsiegels ließ dann auch keinen Zweifel daran, wer die Oberhand behalten hatte: Der markgräfliche Adler stand breitbeinig und mit ausgebreiteten Flügeln auf dem Rücken eines traurig dreinblickenden Berliner Bären mit heraushängender Zunge.

Die Folgen der Niederlage waren trotz des Verlusts stadtherrlicher Rechte nicht ganz so dramatisch wie zunächst befürchtet und entwickelten sich langfristig sogar zum Vorteil: Berlin wurde zur markgräflichen Residenzstadt. Das neue Schloss im Berliner Teil der Doppelstadt, dessen Bauplatz man zuvor noch kurz und klein geschlagen hatte, wurde nun Regierungssitz, und die Hohenzollern brachten nach und nach alle Zentralbehörden einschließlich der märkischen Stände in die Stadt. Der Rat allerdings sank damit auf das Niveau eines Befehlsempfängers kurfürstlicher Order herab. Damit die Cölln-Berliner nun auch wussten, wo sie standen, wurde 1514 ihr gemeinsames Rathaus auf der Langen Brücke abgerissen. Zwei Jahre später endete auch ihre Mitgliedschaft in der Hanse.

Innenpolitisch unfreier, aber außenpolitisch aufgewertet, hob Berlin, wie man die Doppelstadt nun gewöhnlich nannte, zu einem neuen Höhenflug an. In der Metropole der Mark entstanden jetzt zahlreiche Repräsentationsbauten. Die Gestaltung folgte den kurfürstlichen Vorlieben. Zum außerhalb gelegenen, neuen Jagdschloss Grunewald ließ Joachim II. Hector (1535–1571) wenige Jahre nach seinem Amtsantritt mit dem Kurfürstendamm einen Weg anlegen, der vor allem seit dem 19. Jahrhundert zur Magistrale Berlins wurde.

Weitgehend erlöst von den unproduktiven Auseinandersetzungen erlebte Berlin nun auch einen enormen Bevölkerungszuwachs. Die Zuzügler kamen aus der näheren Umgebung, aber auch aus Thüringen und Sachsen sowie aus Franken, dem Stammland der brandenburgisch-preußischen Linie der Hohenzollern. Auch der Zuzug blieb nicht ohne soziale, kulturelle, politische, wirtschaftliche und städtebauliche Folgen. Sozial und kulturell wirkte sich vor allem aus, dass zunächst die aus dem Fränkischen stammenden Neu-

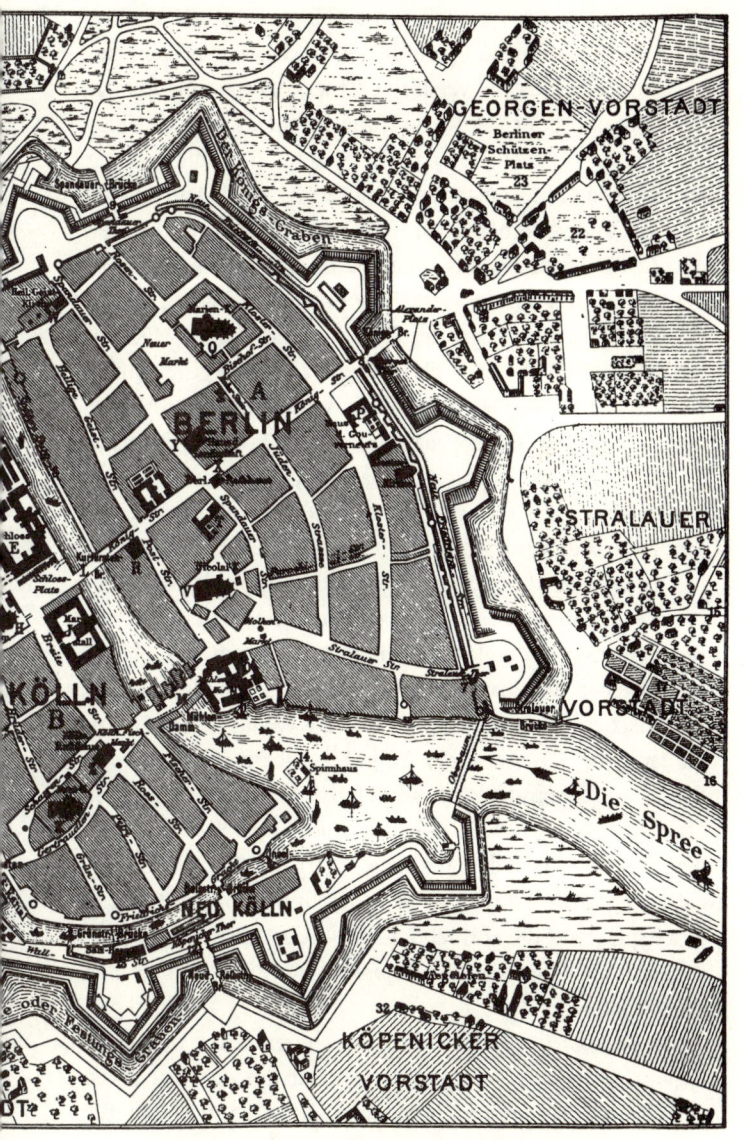

Plan von Berlin mit Umgebung von La Vigne, 1685
(mit nachträglicher Benennung der Stadtteile)

bürger die Hofämter einnahmen und ihnen großzügig weitere Privilegien eingeräumt wurden. Zum ernsten Problem entwickelte sich auch die verstärkte Zuwanderung von Armen, denen die Berliner Stadtverwaltung vor allem mit Bettelordnungen begegnete. Die sozialen Spannungen, die aus der neuen Situation entstanden, entluden sich Anfang des 16. Jahrhunderts erneut in antijüdischen Pogromen, die diesmal so heftig waren, dass erst 150 Jahre später wieder eine nennenswerte jüdische Gemeinde in Berlin ansässig wurde. Großes Aufsehen erregte der Fall einer angeblichen Hostienschändung im Februar 1510. Vierzig brandenburgische Juden wurden damals vor den Toren Berlins hingerichtet. 1573 wurde in einem ähnlichen Prozess auch der jüdische Finanzier des verstorbenen Kurfürsten Joachim II., der nicht zuletzt wegen seiner unkonventionellen Geldbeschaffung bekannt war, zum Tode verurteilt.

Der Einschnitt durch die Reformation war in Berlin weniger gravierend als in den anderen Territorien des Deutschen Reiches. 1539 hatte Joachim II. dem Drängen der Stände nachgegeben und auch in Berlin-Cölln das Abendmahl nach lutherischem Ritus genehmigt. Einen Konflikt mit dem Calvinismus 1613, der sogar zu Tumulten führte, regelte man in Berlin und Brandenburg schließlich höchst pragmatisch: Man verzichtete auf die seit dem Augsburger Religionsfrieden übliche Praxis, dass der Landesherr das Bekenntnis vorgab. Hier durfte, wie es Friedrich der Große über einhundert Jahre später auf die Formel brachte, «jeder nach seiner Façon selig werden». Gerade diese Toleranz wurde nun zum großen Pluspunkt.

Berlin kam trotzdem nicht ungeschoren durch den Dreißigjährigen Krieg. Das lag nicht zuletzt daran, dass sich selbst die eigenen Truppen so benahmen, als wäre die Stadt zur Plünderung freigegeben. Erneut schlug zudem die Pest zu, die zwischen 1626 und 1638 fünf Mal Berlin erreichte und den amtierenden Kurfürsten Georg Wilhelm (1619–1640) zwang, ins entfernte Königsberg auszuweichen. Am Ende des Krieges hatte sich die Einwohnerzahl auf 6000 halbiert. Als der Kurfürst 1640 starb, folgte ihm der knapp zwanzigjährige Friedrich Wilhelm, der «Große Kurfürst» (1640–1688), wie er seit seinem Sieg über die Schweden 1675 genannt wurde. Politisch ambitioniert gelang es ihm, das chaotische Kriegsende 1648 zu weiteren Gebietsgewinnen zu nutzen. Mit den Neuerwerbungen an der Ostseeküste und den vorangegangenen Erweiterungen unter Johann Sigismund (1608–1619), der weit im Westen des Deutschen Reiches Teile des Herzogtums Kleve, der Grafschaften Ravensberg und Mark sowie 1618 das weit im Osten ohne Erben verwaiste Herzogtum Preußen erworben hatte, hatte Brandenburg seine bisher größte Ausdehnung erreicht. Brandenburg und Preußen wurden nun in Personalunion verwaltet. Eine kleine Seeflotte und der in vielem nach holländischem Vorbild gestaltete Umbau Berlins vervollständigten Friedrich Wilhelms Pläne.

In Berlin wurde jetzt nicht nur die Mauer nach Cölln abgerissen, wo am Kupfergraben nun nach niederländischem Muster gebaute Ziehbrücken entstanden, sondern auch der Neubau von Stadtteilen vorangetrieben. So entstanden im 17. Jahrhundert die Dorotheenstadt und die Spandauer Vorstadt. Die noch kurz vor dem Tod des Großen Kurfürsten begonnene Friedrichstadt konnte erst sein Nachfolger, Kurfürst Friedrich III., der sich dann zum ersten preußischen König krönte, beenden. Friedrich Wilhelm sorgte auch dafür, dass mit der Allee «Unter den Linden» und dem Lustgarten zentrale Bezugspunkte innerhalb der Stadt entstanden. Zwischen 1669 und 1671 wurde der Ausbau der Wasserwege mit dem Oder-Spree-Kanal vorangetrieben. Dadurch entwickelte sich die Stadt zu einem Drehkreuz zwischen Schlesien und der Nordsee. Unter Friedrich dem Großen kamen in den 1740er Jahren noch der Plaue-Parey- sowie der Finow-Kanal hinzu.

Seit 1685 war Berlin zudem der Knotenpunkt eines Postkutschennetzes.

Mit dem Großen Kurfürsten, der der Nachwelt vor allem durch sein Toleranzedikt von 1685 im Gedächtnis blieb, wurde die Stadt zum ersten Mal auch systematisch technisch modernisiert. Mit dem sogenannten Scheunenviertel, das nicht weit vom kurfürstlichen Schloss entfernt errichtet wurde, entstand ein besonderer Bereich für gefährliche Güter. Dächer aus Stroh wurden ebenso verboten wie Kamine aus Lehm. Unter Friedrich Wilhelm I. wurde mit der Entwicklung des öffentlichen Verkehrs nebst einer Verkehrsordnung, die etwa schnelles Fahren in der Stadt verhindern sollte, begonnen, eine Straßenbeleuchtung wurde installiert, und die hygienischen Zustände in der Stadt wurden verbessert. Die Abwässer flossen nun in unterirdischen Kanälen, die Straßen wurden gepflastert, Schweineställe in der Stadt verboten.

Sein Sohn Friedrich III. (1688–1713) wertete die Residenzstadt Berlin dadurch wesentlich auf, dass er sich entschied, nicht mehr nur Kurfürst, sondern König zu werden. Sein den Habsburgern gegebenes Versprechen, sich am Spanischen Erbfolgekrieg auf der Seite Wiens zu beteiligen, brachte ihm die Zustimmung des Kaisers zu seiner Königswürde ein. 1701 erfüllte sich der Traum Friedrichs III., den die Berliner wegen seiner Behinderung auch den «Schiefen Fritz» nannten, als Friedrich I. König zu werden. Zwei Wermutstropfen blieben: Er wurde nur König *in* Preußen und musste sich außerdem im Königsberger Dom die Krone selbst aufsetzen. Erst sein Enkel Friedrich II. (1740–1786), den bereits seine Zeitgenossen den Großen nannten, konnte sich nach der Teilung Polens, mit der Westpreußen gewonnen wurde, 1772 König *von* Preußen nennen.

2. Von der Königs- zur Kaiserstadt
1688–1871

Die Königsstadt

Für Berlin bedeutete die Herrschaft Friedrichs I. den Aufstieg zur Königsstadt. Per Edikt ordnete er im Januar 1709 nicht nur die faktisch bereits vorhandene Zusammenlegung von Berlin und Cölln an, sondern auch die Eingemeindung von Friedrichswerder sowie der Dorotheen- und der Friedrichstadt. So entstand die «Haupt- und Residenzstadt Berlin», wenngleich der Magistrat immer noch hinhaltenden Widerstand leistete. Zum Verwaltungszentrum wurde das Rathaus in Cölln bestimmt.

Dem absolutistischen Anspruch Friedrichs I. entsprechend wurde 1710 auch die Berliner Verfassung umgestaltet und damit die Eigenständigkeit der Stadt weiter eingeschränkt. Der neue zentralisierte Verwaltungsaufbau Preußens bescherte der Residenzstadt unter anderem einen verbeamteten Stadtrat, der allein dem König verpflichtet war, sowie die Einsetzung von Berufsrichtern. Von der Stadtverfassung waren unter anderem der Hof, die Berliner Garnison, aber auch einige Zuwanderergruppen, so die vom Großen Kurfürsten ins Land geholten französischen Hugenotten, ausgenommen, was ebenfalls zu Missstimmungen führte. Das erneut veränderte Wappen der Stadt zeigte diese politischen Realitäten: Der Berliner Bär stand zwar aufrecht, hatte allerdings nun ein Halsband und stand unter der Krone sowie dem preußischen und dem brandenburgischen Adler. Souverän sah auch das nicht aus.

König Friedrich I. blieb der Nachwelt vor allem als Verschwender in Erinnerung, nicht zuletzt deshalb, weil sein Sohn, der pietistische und in vielen Dingen genügsamere «Soldatenkönig» Friedrich Wilhelm I. (1713–1740), ihn der Nachwelt so darstellte. Grundsätzlich aber blieben trotz der enormen Schulden von rund 20 Millionen Talern die Finanzen in Ordnung. Als Friedrich Wilhelm I. nach dem Tod des Vaters 1713 erhebliche Teile der luxuriösen Sammlungen verkaufte, die Verwaltung verschlankte und die ausufernde Hofhaltung einschränkte, konnte er relativ rasch seine eigenen Vorlieben finanzieren: Er gab nun Unsummen für Militärisches aus.

Der Soldatenkönig, der seit 1725 öffentlich nur noch in Uniform auftrat und unter dessen Ägide Preußen zu jenem Militär- und Untertanenstaat wurde, den man nach dem Zweiten Weltkrieg für nahezu alle Fehlentwicklungen in Deutschland verantwortlich machte und deshalb 1947 auflöste, richtete seinen Machtbereich vor allem nach den Bedürfnissen seiner Armee ein. Sie umfasste schließlich rund ein Fünftel der Bevölkerung Preußens, was auch Berlin nachhaltig prägte. Weil Soldaten eingekleidet und bewaffnet werden mussten, förderte Friedrich Wilhelm Manufakturen, und weil diese wiederum Arbeiter brauchten und zudem seine Armee mit Soldaten ergänzt werden musste, sorgte er für hohe Einwanderungsquoten. Für die Neubürger Berlins war attraktiv, dass er die Stadt von der Wehrpflicht ausnahm und zudem den Eintritt in die Zünfte vereinfachte. Kein Wunder, dass sich in seiner Amtszeit nicht nur die Fläche Berlins verdoppelte, sondern die Stadt auch rund 90 000 Menschen dazugewann.

Auch der weitere Aus- und Umbau Berlins als Königsstadt richtete sich nach den militärischen Vorlieben des Soldatenkönigs. Im Lustgarten vor dem Schloss, im Tiergarten an der Stelle des heutigen Platzes der Republik vor dem Reichstagsgebäude sowie auf dem Gelände des heute schon wieder ehemaligen Flughafens Tempelhof entstanden Exerzierplätze für seine auf rund 83 000 Soldaten angewachsene Armee. Auch wichtige Hauptstraßen endeten in Berlin nun auf Exerzierplätzen: Heute heißen sie Pariser Platz (damals: «Quarré»), Leipziger Platz (damals: «Octogon») und Mehringplatz (damals: «Rondell»). Da die in großen Teilen durch Zwang angeworbenen Soldaten bei erster Gelegenheit versuchten, aus Preußen zu entkommen (allein in den ersten beiden Regierungsjahren floh etwa jeder Hundertste, darunter die Hälfte Handwerker), gehörte die Fluchtverhinderung zum Alltag. Die drei Meter hohe steinerne «Akzisemauer» rechts und ihre hölzerne Fortsetzung, die «Linie» links der Spree, deren Bau Friedrich Wilhelm 1738 anordnete, dienten dazu, einerseits die Steuern einzutreiben, andererseits die Soldaten an der Desertion zu hindern.

So, wie viele politische Entscheidungen des Soldatenkönigs als Rebellion gegen seinen verschwendungssüchtigen Vater verstanden werden können, waren zahlreiche Handlungen seines Sohnes, Friedrichs II., eine gegen ihn gerichtete Opposition. Friedrich der Große, wie man ihn nach dem Abschluss der von ihm ausgelösten Schlesischen Kriege und des Siebenjährigen Krieges nannte, blieb ungeachtet seiner schöngeistigen Interessen als *Roi Philosophe* ein typischer Machtpolitiker des 18. Jahrhunderts, dem es mit einigem Glück gelang, Preußen vor allem auf Kosten Österreichs zu erweitern. Die Eroberung Schlesiens in drei Kriegen führte Preußen in den Kreis der europäischen Großmächte, was schließlich zur Grundlage für die Reichsgründung von 1871 wurde. Friedrichs Interesse für die Aufklärung hinterließ in der intellektuellen und architektonischen Landschaft Berlins und seiner Umgebung bis heute sichtbare Spuren.

Gerade das verband den «Großen Friedrich» mit seinem von ihm wenig geschätzten Neffen und Nachfolger Friedrich

Wilhelm II. (1786–1797) und dessen Sohn Friedrich Wilhelm III. (1797–1840), die für die Stadt Berlin mehr taten, als ihre Zeitgenossen anerkennen wollten. «Der dicke Lüderjahn», wie die Berliner den behäbigen, angeblich «nichtsnutzigen» Thronfolger nannten, kümmerte sich zwar in erster Linie um seinen Hof und um sich selbst, aber er war auch Mäzen der Schönen Künste, der der Residenzstadt 1791 das Brandenburger Tor hinterließ.

Nach seinem frühen Tod 1797 und der Niederlage seines Sohnes Friedrich Wilhelm III. gegen Napoleon 1806 durchlief Berlin eine stürmische Reformzeit. Der Eroberung der Stadt durch die Franzosen folgten die großen preußischen Reformen in der Kommunal- und Heerespolitik, die mit den Namen vom Stein, Hardenberg und Scharnhorst verbunden sind. In Berlin schuf die 1808 erlassene Städteordnung wieder die Möglichkeit der Selbstverwaltung, die über 300 Jahre zuvor abhanden gekommen war. Im beginnenden bürgerlichen Zeitalter erhielt Berlin eine Stadtverordnung, in der der König nur noch den gewählten Oberbürgermeister bestätigte, ihn aber nicht mehr einsetzte. Die Zünfte verschwanden ganz, was wiederum eine wichtige Grundlage für die kurz danach einsetzende Industrialisierung wurde, von der Berlin stark profitierte. Im Zuge der vor allem von Wilhelm von Humboldt entfachten Bildungs- und Erziehungsdebatte entstand in der Hauptstadt 1809 die Berliner Universität, die im darauffolgenden Jahr ihren Lehrbetrieb aufnahm und zu einem Zentrum der Wissenschaft, aber auch der wachsenden Nationalbewegung wurde. Die Befreiung der Juden in Preußen von der mittelalterlichen Sondergesetzgebung eröffnete ihnen den Weg in die bürgerliche Gesellschaft, wenngleich der verbreitete Antisemitismus viele Hoffnungen auf Anerkennung zerstörte. Die Bauernbefreiung entlastete zwar die Landbevölkerung nicht wirklich, aber sie eröffnete durch die Lohnarbeit langfristig den Weg zu einer effizienteren Landwirtschaft, die den durch Industrialisierung und Bevölkerungszunahme wachsenden Bedarf befriedigte.

Von geistiger Freiheit konnte in der den Befreiungskriegen folgenden Restaurations- und Biedermeierzeit aber auch in Berlin keine Rede sein. Im Zuge der sogenannten Demagogenverfolgung, die sich in erster Linie gegen die Nationalbewegung richtete und 1819 auch in Berlin intensivierte, gehörten Zensur, Denunziation und politische Verfolgung in der Stadt über Jahre zur Normalität. Nach der erfolgreichen bürgerlichen Revolution in Frankreich 1830 wurden auch die Rechte der Berliner Stadtverordnetenversammlung beschnitten, und sie wurde wieder staatlicher Kontrolle unterstellt. Noch unter Friedrich Wilhelm IV. (1840–1858) und seinem Bruder Wilhelm (1858–1861: Regent; 1861/1871–1888: Preußischer König und Deutscher Kaiser) war der wichtigste Posten in Berlin der des Polizeipräsidenten, der gegen jegliche Widersetzlichkeit einschritt. Als Handels- und Industriestandort wuchs Berlin allerdings prächtig, nicht zuletzt, weil 1818 der Handel fast vollständig freigegeben worden war. Auch verkehrstechnisch stand Berlin wieder ganz oben. 1838 eröffnete die erste Eisenbahnstrecke Preußens zwischen Berlin und Potsdam. Am Ende der 1840er Jahre gehörte Berlin zu den großen Eisenbahnknotenpunkten Europas.

Das «Spree-Athen»:
Schinkel und die anderen

Der anspruchsvolle Titel «Spree-Athen» stammt aus der Zeit, als Friedrich I. begann, «seine» Königsstadt zu bauen. Friedrich war ein Schlösserfan und liebte es, mit seiner Hofgesellschaft auf der Yacht *Liburnica* durch seine Residenzlandschaft zu reisen. Jenseits der damaligen Stadtgrenze ließ er zwischen 1695 und 1699 das Schloss Lietzenburg errichten, das nach dem Tod seiner Frau in Charlottenburg umgetauft wurde

Berlin von Westen aus gesehen, um 1750.

und in seiner Prachtentfaltung unerreicht bleiben sollte. Hier wollte man ursprünglich auch das berühmte Bernsteinzimmer als «Achtes Weltwunder» einbauen, das sein Sohn Friedrich Wilhelm I. nach dem Tod des Vaters 1716 kurzerhand dem russischen Zaren Peter I. zum Geschenk machte. Als Denkfabrik gründete Friedrich noch als Kurfürst 1694 eine eigene Akademie der Künste. Sein Direktor wurde 1702 mit Andreas Schlüter einer der bedeutendsten Architekten und Bildhauer des Barock. Nach Schlüters Entwürfen entstanden unter anderem die Skulpturen am Zeughaus Unter den Linden und das Reiterstandbild des Großen Kurfürsten. Seit 1699 leitete Schlüter den Umbau des Berliner Stadtschlosses zur barocken Königsresidenz. Friedrichs Ehefrau, die den Künsten und den Wissenschaften aufgeschlossene Königin Sophie Charlotte, warb den Universalgelehrten Gottfried Wilhelm Leibniz an, den man 1700 zum ersten Präsidenten der Akademie der Wissenschaften berief.

Kolorierter Kupferstich von F. I. Saur

Während der sparsame Soldatenkönig nach dem Tod seines Vaters, Friedrichs I., vor allem auf den Bau von Bürgerhäusern gesetzt hatte, begann mit der Thronbesteigung Friedrichs des Großen wieder ein repräsentativerer Abschnitt der Baugeschichte Berlins. Das Forum Fridericianum nahe dem Stadtschloss in der Dorotheenstadt erhielt nun mit der Staatsoper, der katholischen Hedwigs-Kathedrale und dem Palais für seinen Bruder Heinrich, das 1809 zur Berliner Universität wurde, in großen Teilen sein bis heute erkennbares Aussehen. Die vom Großen Kurfürsten angelegte Straße Unter den Linden wurde mit repräsentativen Gebäuden geschmückt. Das ehemalige cöllnische Vorwerk Tiergarten verlor unter Friedrich II. endgültig den Charakter eines profanen Jagdgebiets und wurde zur kunstvoll gestalteten Landschaft vor der Stadt.

Zu den Gebäuden, die Friedrich II. errichten ließ, gehörten vor allem auch Kasernen. Auch sie hatte der sparsame Vater nicht gebaut, weil seine Soldaten noch in Privatquartieren unterkamen. Auch für seine repräsentative Königsstadt genügten Friedrich II. die vom Vater genehmigten alten Bürgerhäuser nicht mehr. Stattdessen wurden nun drei- bis viergeschossige Wohnhäuser errichtet.

Friedrichs Nachfolger, Friedrich Wilhelm II., war für die nun klassizistische Baugeschichte Berlins ein wahrer Glücksfall. In seinem Auftrag baute Carl Gotthard Langhans das Brandenburger Tor als repräsentativen Eingang zur Stadt, den Johann Gottfried Schadow mit der Quadriga krönte, die die verschiedenen Eroberer Berlins so schön fanden, dass sie sie regelmäßig mitnahmen. Auch sein Sohn und Nachfolger Friedrich Wilhelm III. war für die Architektur Berlins und das kulturelle Leben der Stadt ein Gewinn. Baugeschichtlich wurde Berlin in seinen Regierungsjahren vom alle überragenden Karl Friedrich Schinkel geprägt, der hier 1815 als Geheimer Baurat begann. Das geradezu sprichwörtliche «Berlin Schinkels», das nach den Befreiungskriegen bis zum Tod Friedrich Wilhelms III. 1840 entstand, war durch repräsentative Bauten in der Stadtmitte geprägt: Es entstanden die Neue Wache am Boulevard Unter den Linden, das Schauspielhaus am Gendarmenmarkt (beide 1818), das Alte Museum am Rand des Lustgartens (1824), die Friedrichswerdersche Kirche (1830) sowie die Bauakademie, die 1831 direkt neben dem Schloss fertig gestellt wurde. Über seine wichtigsten Schüler, insbesondere Friedrich August Stüler und Ludwig Persius, setzte sich die Tradition der Schinkelschen Architektur in den folgenden Jahrzehnten etwa mit Stülers Bauten auf der Museumsinsel fort. Die Bauten von Persius zeigten aber auch bereits die Verbindung zur Industriearchitekur, die in Berlin nun üblich wurde. Dazu trug nicht zuletzt der sich sprunghaft entwickelnde Eisenbahnverkehr bei. Seit 1838 führte vom neuen Potsdamer Bahnhof in Berlin die erste Zugverbindung in die benachbarte Garnisonsstadt. Im Jahr zuvor hatte August Borsig mit seiner «Eisengießerei und Maschinenbauanstalt» in Berlin ein Werk eröffnet, das bis 1854 bereits 500 Dampflokomotiven produzierte. Die Lokomotive wurde nun zum wichtigsten Indikator der Industrialisierung in Preußen und damit zunächst vor allem in Berlin.

Der Durchbruch zum geistigen Zentrum Preußens gelang Berlin bereits unter Friedrich dem Großen und durch die vom Bürgertum mitgetragene Aufklärung. Zwar gingen am Hof mit dem französischen Star-Philosophen Voltaire einige der wichtigsten Intellektuellen der Zeit ein und aus. Viel entscheidender für Berlin wurden aber die privaten Initiativen in den wissenschaftlich-literarischen Salons, wo Verleger wie Friedrich Nicolai mit Dichtern wie Gotthold Ephraim Lessing oder Philosophen wie Moses Mendelssohn zusammentrafen, der 1763 in einem Aufsehen erregenden Schriftenwettbewerb an der Königlichen Akademie sogar Immanuel Kant auf die Plätze verwies. Neben der Literatur und vor allem den Zeitungen erreichte die Bühnendichtung weit über Berlin hinaus Bedeutung. Im 19. Jahrhundert entwickelte sich das Selbstbild der Stadt als Metropole des Geistes und der Kultur. Berlin begann nun, sich auch zunehmend selbst zu verklären, etwa in den Bildern eines Adolph Menzel.

Multikulti: Berlin und die Zuwanderung

Brandenburg-Preußen war und blieb ein Einwanderungsland. Das war nicht erst seit den Verwüstungen des Dreißigjährigen Krieges so, der die Bevölkerung der märkischen Provinz um fast die Hälfte dezimiert hatte. Aber seitdem wurde die «Peuplierung», wie das Schlagwort hieß, systematischer betrieben. Neben der gezielten Rekrutierung von Fachleuten für Landschafts- und Wasserbau, vor allem auch aus den Niederlanden, warb man seit dem letzten Drittel des 17. Jahrhunderts immer wieder dort Menschen an, wo gut ausgebildete oder vermögende Flüchtlinge auf eine neue Heimat hofften.

1671 holte man einen Kreis von ausgewählten Juden ins Brandenburgische, die kurz zuvor aus Wien vertrieben worden
waren und in Berlin die jüdische Gemeinde wieder aufbauten.
Ihre Zahl wuchs um 1700 auf rund 2500 Personen. Bis 1800
wanderten noch einmal etwa 8000 Juden ein.

Die nächste große Chance für einen Zuzug hochqualifi-
zierter Menschen eröffnete sich, als in Frankreich 1685 das
Edikt von Nantes aufgehoben wurde, das den dortigen Protestanten bislang die freie Ausübung ihrer Religion garantiert
hatte. Auch diesmal zögerte man in Berlin nicht lange. Wer-
ber lasen die Flüchtlinge in Köln, Amsterdam und Frankfurt
am Main auf, statteten sie mit Pässen aus und sorgten für eine
Reisegelegenheit in den Osten. Etwa zehn Prozent der vertriebenen Hugenotten, rund 20 000 Menschen, gingen nach
Brandenburg, wo der Große Kurfürst ihnen mit dem Edikt
von Potsdam eine neue Zukunft eröffnete. Mit der Aufnahme
der sogenannten Pfälzer, französischer Hugenotten, die sich
zunächst in der Pfalz niedergelassen hatten, und der Ansiedlung von vertriebenen Protestanten aus Salzburg und Böhmen setzte man die gezielte Peuplierung im 18. Jahrhundert
fort. In Berlin fanden die Hugenotten vor allem im Stadtteil
Moabit eine neue Heimat, die Pfälzer in Müggelheim, die
Böhmen siedelte man in Rixdorf (ab 1912 Neukölln) und
Schöneberg an.

Die Aufnahme der Neubürger war unter den Berlinern
nicht unumstritten und eher unfreundlich. Dies mag zum Teil
an der bereits damals beklagten ruppigen Mentalität der Berliner und ihrer schon im 18. Jahrhundert sprichwörtlichen
«Berliner Schnauze» gelegen haben. Aber auch die Zuwanderer waren häufig kaum anders. Auch die Salzburger galten als
besonders grob in ihren Umgangsformen. Ohnehin spielten
Vorurteile über Trinkfestigkeit oder Geschäftstüchtigkeit,
Kleidung, Dialekt oder Speisen der Migranten eine wichtige
Rolle. Zudem waren religiöse Vorbehalte von Bedeutung. Sie

betrafen keineswegs nur die Juden. Während sich die Vorbehalte gegenüber den Franzosen, Böhmen, Österreichern und Niederländern jedoch mit der Zeit abschliffen, hatten die jüdischen Zuwanderer weiter mit tief verwurzelten antisemitischen Vorurteilen zu kämpfen. Hier kam noch hinzu, dass selbst Friedrich der Große seine ansonsten betonte Toleranz, nach der jeder nach seiner Façon selig werden sollte, nicht in jedem Fall auf die Juden angewendet wissen wollte. Moses Mendelssohn etwa wurde nicht in die Akademie der Wissenschaften aufgenommen.

Das wichtigste Motiv für die anfängliche Distanz gegenüber den Neuankömmlingen blieben jedoch finanzielle Fragen, weil einige Berufsgruppen Nachteile befürchteten. Gegenüber den Hugenotten und den Juden zeigten sich vor allem die Gilden und Zünfte wenig kooperationsbereit. Die Hugenotten zogen sich daher häufig auf den vom König garantierten Freimeisterstatus, die jüdischen Zuwanderer in die Rolle von selbstständigen Unternehmern zurück. Allerdings erleichterte das Wirtschaftsleben auch die Integration im Alltag. Zahlreiche eingedeutschte französische und jiddische Begriffe haben sich bis heute nicht nur in der Berliner Umgangssprache erhalten, so etwa die Boulette, der Klamauk, die Fisimatenten oder die Redewendung «frech wie Oskar». Gesamtwirtschaftlich wurde die Ansiedlung ein voller Erfolg, zumal Hugenotten und Juden im frühindustriellen, noch sehr agrarisch geprägten preußischen Staat eine Art «importiertes Ersatzbürgertum» mit erheblichem kulturellem Einfluss bildeten.

Die 1848er Revolution und die soziale Frage

Seit der Gründung Berlins wuchs die Zahl seiner Einwohner kontinuierlich. Ende des 14. Jahrhunderts lebten circa 8000 Menschen in seinem Stadtgebiet. Um 1800 waren es rund

170 000, 1815 bereits etwa 200 000, bis 1845 rund 400 000, 1871 etwa 800 000 Einwohner und bis 1877 war die Grenze zur Million überschritten. Nur knapp dreißig Jahre später wohnten etwa zwei Millionen Menschen in der Stadt. Im Großraum Berlin lebten um 1900 sogar rund dreieinhalb Millionen Menschen. Der rasante Bevölkerungszuzug und die rasch fortschreitende Industrialisierung blieben nicht ohne soziale Folgen. Bereits 1775 hatte ein erster Arbeitskampf in Berlin stattgefunden. Am Ende der Ära Friedrichs des Großen gab es in Berlin rund 14 000 Bedürftige. Das war, rechnete man die Soldaten in der Stadt mit, etwa jeder Zehnte.

Neben der sozialen wuchs die politische Unzufriedenheit. Hoffnungen auf einen politischen Wandel, den die preußischen Reformen nach der Niederlage gegen Napoleon nach sich zogen, lösten sich nach 1815 im sogenannten Vormärz rasch in Luft auf, als sich die traditionell konservativen Eliten wieder durchsetzten. Gerade das politisch engagierte Bürgertum mit seinen patriotischen und liberalen Ideen trat in dieser «Maulkorbzeit» den Rückzug ins Private an. Ein Wandel schien sich zunächst 1840 anzudeuten, als Friedrich Wilhelm IV. (1840–1858) den Thron bestieg. Die Zensur wurde etwas abgeschwächt, und der König gewährte sogar politisch Verfolgten aus anderen Teilen Deutschlands in Berlin Asyl. Zu ihnen gehörten die aus dem Hochschuldienst in Göttingen entlassenen Brüder Wilhelm und Jacob Grimm. Doch grundlegende politische und soziale Reformen blieben aus.

Zur gleichen Zeit, als sich 1844 im preußischen Schlesien die Weber gegen ihre katastrophalen Lebens- und Arbeitsbedingungen erhoben, organisierten sich in Berlin die ersten Interessenverbände der Handwerker und Arbeiter. Zu den intellektuellen Debattierclubs, die sich in Cafés trafen, gehörten damals auch der in Berlin studierende Karl Marx und der zum Wehrdienst in die Stadt abkommandierte Industriellensohn Friedrich Engels. Als die Kattundrucker 1844 ihre

Arbeit niederlegten, erreichte die Unzufriedenheit ihren ersten Höhepunkt. Auch der König schien beeindruckt. Ende des Jahres erließ er die Order, eine Verfassung zu entwerfen. Nur drei Jahre später ließ er seinen Untertanen jedoch ausrichten, er sei nicht bereit, für «ein beschriebenes Blatt» die «alte heilige Treue» aufzugeben. Damit war absehbar, dass Friedrich Wilhelm IV. in keiner Weise kompromissbereiter geworden war.

Die Geduld vieler seiner Untertanen war erschöpft. 1846 ließ die in Europa um sich greifende Wirtschaftskrise noch größere Teile der Bevölkerung verarmen. Auch industrielle Vorzeigebetriebe wie Borsig entließen Hunderte von Beschäftigten. Im April 1847 plünderten Berliner Hausfrauen Marktstände und Läden in der berühmten «Kartoffelrevolution». 1848 rangen sich die Unzufriedenen in Berlin dann dazu durch, dem König endlich eine Petition zu schicken. Es ging erneut um die Presse-, Rede-, Wahl- und Versammlungsfreiheit, darüber hinaus aber immer noch um die Forderung, den Vereinigten Landtag für die Formulierung einer Verfassung einzuberufen. Der erste Brief erreichte den König offenbar nicht. Nachdem die Delegierten aus Bürgertum und Arbeiterschaft drei Tage mit einer neuen Bittschrift auf die Audienz gewartet hatten, wurde endgültig klar, dass sie vom König nichts zu erwarten hatten.

Das Revolutionsjahr 1848 ging als das «tolle Jahr» nicht nur in die Berliner Geschichte ein. Bereits im Februar 1848 setzte in Frankreich das liberale Bürgertum die Ausrufung der Republik durch. Am 13. März kam es in Berlin zum ersten blutigen Zusammenstoß, als das Militär am Brandenburger Tor auf die von Versammlungen zurückkehrenden Bürger schoss. Drei Tage später kam es erneut zu Kämpfen, als bekannt wurde, dass es den Wienern gelungen war, den verhassten Staatskanzler Metternich zur Abdankung und zur Flucht nach England zu zwingen. Metternichs Name war seit Jahrzehnten wie kein anderer mit der Restauration und der Unterdrückung der demokratischen Bewegungen verbunden.

Am 18. März schließlich kam es auch in Berlin zum Eklat. Nachdem das Militär – wohl gegen die Weisung Friedrich Wilhelms – auf die Demonstranten vor dem Berliner Stadtschloss geschossen hatte, kam es in den umliegenden Straßen zu heftigen Gefechten. Das Militär ging unter dem Befehl des Prinzen von Preußen, dem 1871 zum Kaiser ernannten Wilhelm I., rigoros gegen die Einwohner Berlins vor, die allerdings ebenso massiv zurückschlugen. Auf den Straßen blieben neben getöteten Soldaten 216 tote Aufständische zurück, die als «Märzgefallene» vor dem Schloss aufgebahrt wurden, nachdem der König angesichts der Massaker in den Straßen den Rückzug seines Militärs befohlen hatte.

Friedrich Wilhelm IV. war nach einer kurzen persönlichen Inspektion der Lage in den Straßen tatsächlich tief erschüttert, wie sein Aufruf «An meine lieben Berliner» zeigte, in dem er von einem «unseligen Irrtum» sprach, der ihn zum Einsatz des Militärs gezwungen habe. Der in den Straßen als «Kartätschenprinz» verschriene Preußenprinz Wilhelm hatte sich zu dieser Zeit bereits wie Metternich mit falschem Pass ausgestattet nach England abgesetzt. Der König entschloss sich zu einer Geste der Versöhnung oder – wie es schon Zeitgenossen sahen – der Unterwerfung, als er sich vor den aufgebahrten toten Bürgern Berlins verbeugte. Aber nicht nur das: Auf Befehl Friedrich Wilhelms wurde nun ein «Märzministerium» eingerichtet, das die Versprechungen nach der Revolution tatsächlich zu erfüllen schien. Nur knapp einen Monat später konnten die Berliner die Nationalversammlung wählen. Natürlich waren es noch immer keine wirklich allgemeinen Wahlen, denn zur Urne durften nur Männer über 24 Jahre gehen, die mindestens ein halbes Jahr in Berlin wohnten und zudem nicht auf die städtische Armenfürsorge angewiesen waren.

Obwohl aus der Wahl zur Nationalversammlung sowie zur Berliner Stadtverordnetenversammlung nur Kandidaten der Revolution als Sieger hervorgingen, beruhigte sich die Lage nicht. Es kam erneut zu heftigen Demonstrationen, in deren Verlauf am 14. Juni 1848 schließlich auch das zentrale Waffenarsenal im Zeughaus Unter den Linden gestürmt wurde. Langfristig blieben jedoch die antidemokratischen Kräfte siegreich. Unter dem Vorwand, die öffentliche Sicherheit gewährleisten zu wollen, rückten am 10. November 1848 Truppen unter General Friedrich von Wrangel in Berlin ein. Während des folgenden Ausnahmezustands wurden nicht nur öffentliche Versammlungen und Vereine verboten, sondern auch die Tagungen der Nationalversammlung, die dann in Brandenburg an der Havel stattfinden mussten. Nicht zuletzt wurden rund 20 000 Waffen eingesammelt, die sich in der Hand der aufgebrachten Berliner befanden.

Der verstärkte Druck auf die Bürger, die Hausdurchsuchungen, Prozesse, Verhaftungen und Ausweisungen aus Preußen ausgesetzt waren, ließ der Revolution allmählich die Luft ausgehen. Die Inhaftierten wurden unter anderem in der Spandauer Zitadelle eingekerkert, darunter auch der ehemalige Bonner Professor für Kunst- und Literaturgeschichte Gottfried Kinkel. Ihn befreite 1850 sein Schüler Carl Schurz, der nach seiner Auswanderung in die USA dort zu einem der bekanntesten republikanischen Politiker wurde. Als am 6. Dezember 1848 die lange versprochene Verfassung endlich erlassen wurde, waren alle politischen Hoffnungen endgültig zerplatzt. Die sogenannte Oktroyierte Verfassung kaschierte kaum, dass die Revolution endgültig besiegt war.

Das für die Abstimmung über die Verfassung 1849 in Preußen eingeführte Dreiklassenwahlrecht, das auch für die Kommunalwahlen galt und erst mit dem Untergang der Monarchie in Deutschland sechzig Jahre später wieder verschwand, sicherte allein den Vermögenden wirklichen politischen Einfluss zu. Das passive Wahlrecht, also das Recht, für ein politisches Amt zu kandidieren, war an ein Einkommen von 300 Talern gebunden. Das traf gerade einmal auf fünf Prozent der Berliner Bevölkerung oder rund 21 000 Bürger zu.

Nach dem Sieg der konservativ-monarchischen Kräfte über die demokratische Bewegung wurde in Berlin zudem der Sicherheitsapparat massiv ausgebaut. Auch die 1850 eingeführte und drei Jahre später noch einmal revidierte Städteordnung bestätigte den konservativ-monarchischen Trend. Dass 1861 ausgerechnet der als «Kartätschenprinz» der Revolution verschriene Kronprinz Wilhelm zum König von Preußen ernannt wurde, war der letzte Beweis für die Niederlage der Revolution.

Im Berliner Bürgertum dominierte allerdings weiterhin der Liberalismus. Zum ersten Oberbürgermeister im neuen klinkerfarbenen «Roten Rathaus» machten die Berliner Wähler 1862 mit Karl Seydel einen bekennenden Liberalen aus der Fortschrittspartei. Er trat die Nachfolge des erzkonservativen Wilhelm Krausnick an, der von den Revolutionären 1848 aus dem Amt gejagt worden war und den die Gegenrevolution noch einmal zurückgeholt hatte. Konterkariert wurde die Stadtpolitik allerdings weiterhin durch die preußisch-brandenburgische Politik. In ihr hatte ab 1861 ein bekennender Konservativer das Sagen, der 1871 auch zum Gründer des Deutschen Reiches wurde: Otto von Bismarck. Sein Verhältnis zu Berlin blieb nachhaltig schlecht. Bismarck hielt Berlin wegen der linksliberalen Mehrheiten, die sich in der Reichstagswahl zum Norddeutschen Bund 1867 noch einmal deutlich bestätigten, für politisch absolut unzuverlässig, und die Berliner ihrerseits verhinderten konsequent, dass sich das änderte.

3. Der Aufstieg zur Weltstadt im Kaiserreich
1871–1918

Die Kaiserstadt: Berlin wird Reichshauptstadt

Dass Berlin 1871 zur Reichshauptstadt des neuen Deutschen Reiches aufstieg, hing in erster Linie damit zusammen, dass Preußen sich 1864 zunächst als Vormacht des Deutschen Bundes im Krieg gegen Dänemark und dann 1866 im Krieg gegen das widerspenstige Österreich, das eben diese Vormachtstellung inakzeptabel fand, als siegreich erwies. Danach wurde Berlin zunächst Hauptstadt des Norddeutschen Bundes, dessen Kanzler Bismarck als Preußischer Ministerpräsident ohnehin in Berlin residierte. Von Bismarck virtuos gesteuert, konnte der deutsche Sieg bei Sedan gegen Frankreich 1870 zum Ausgangspunkt für die Reichsgründung werden. Am 18. Januar 1871 wurde der König von Preußen, Wilhelm I., in Versailles im engen Kreis der deutschen Fürsten und Generäle, aber unter ausdrücklichem Ausschluss der deutschen Parlamentarier, zum Deutschen Kaiser gekrönt. Bismarck wurde erster Reichskanzler.

Als offiziellen Erinnerungsort für die drei Einigungskriege errichtete man in Berlin im Tiergarten auf dem heutigen Platz der Republik die von der Viktoria («Goldelse») gekrönte Siegessäule mit Kränzen aus erbeuteten Kanonen. Ab 1895 ließ Wilhelm II. (1888–1918) auf eigene Kosten zusätzlich eine bis 1903 fertig gestellte Siegesallee mit 34 Denkmälern sämtlicher brandenburgisch-preußischer Markgrafen, Kurfürsten, Könige sowie des Prinzen Wilhelm, des späteren Kaisers, westlich des Brandenburger Tores errichten, die allerdings auch direkt zur Siegessäule führte. Dieser weitere zentrale Ort gemeinsamer nationaler Identifikation hatte jedoch weit weniger Erfolg. Von den Berlinern als «Puppenallee» belächelt und von der Kunstkritik verrissen, wurde sie 1947 schließlich auf Anordnung der Alliierten eingeebnet. Ihr Verlauf zwischen Kemperplatz und dem Platz vor dem heutigen Bundestag ist nicht mehr erkennbar, ihre Figuren stehen heute in der Zitadelle Spandau.

Auf die städtische Entwicklung Berlins wirkten sich weder die Revolution noch die Reaktionszeit ausschließlich negativ aus. Zwar war der 1848 eingesetzte Berliner Polizeipräsident Carl Ludwig Friedrich von Hinckeldey ein stockkonservativer Vollstrecker des preußischen Obrigkeitsstaates. Aber er schuf zugleich die Grundlagen für die Entwicklung Berlins zur Metropole. Auf seine Initiative ging die dringend notwendige Neuordnung der städtischen Infrastruktur zurück, einschließlich der Stadtreinigung, der öffentlichen Wasserversorgung und der Berufsfeuerwehr. Darüber hinaus sorgte er dafür, dass die Zuständigkeiten der zum Teil gegeneinander arbeitenden staatlichen und städtischen Einrichtungen voneinander abgegrenzt wurden. Die zweite Persönlichkeit, der Berlin in dieser Zeit viel zu verdanken hatte, war der ab 1862 als Oberbürgermeister amtierende Karl Theodor Seydel. Er ließ die Kanalisation ausbauen, Rieselfelder für die Abwässer anlegen und leitete den Bau von Mietskasernen ein, die nun das Stadtbild Berlins prägen sollten. Ausführender Baurat wurde der Ingenieur James Hobrecht. Er entwickelte 1862 auf der Grundlage eines bereits vorhandenen Konzepts den nach ihm benannten Bebauungsplan für Berlin und Charlottenburg, der zum großen Teil realisiert wurde und mit einigen Veränderungen bis zum Beginn der Weimarer Republik 1919 gültig blieb.

Berlin war auch 1871 noch keine Metropole, die mit anderen europäischen Hauptstädten in einen ernsthaften Wett-

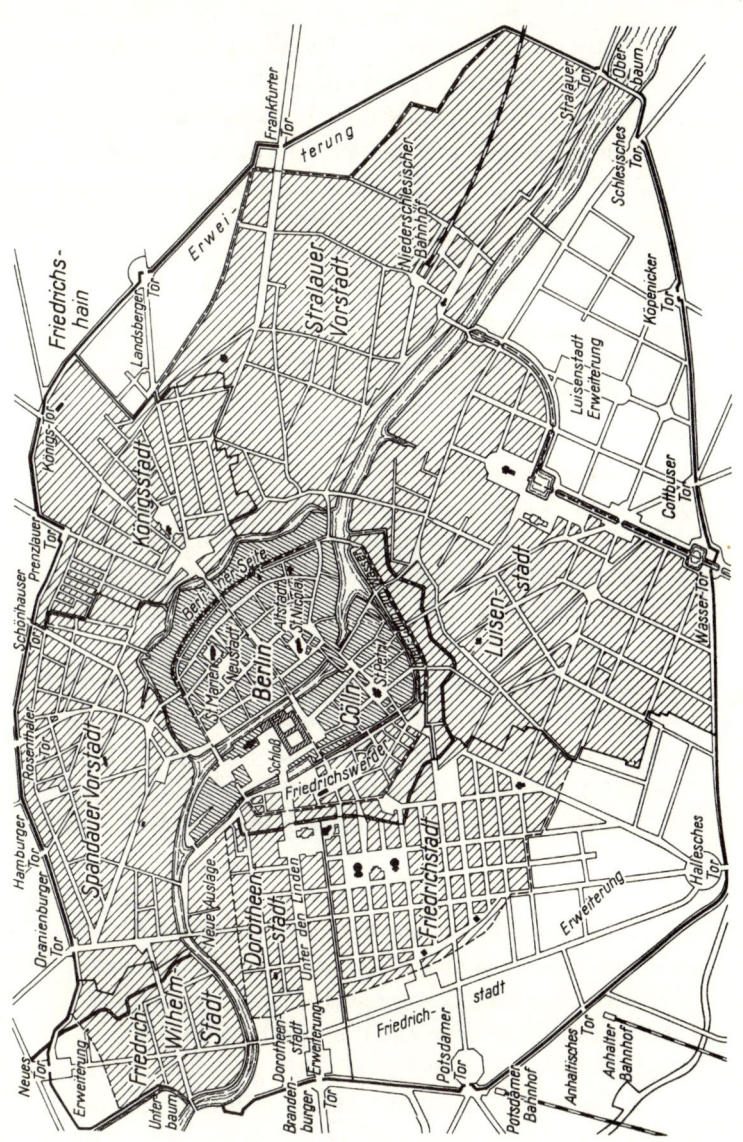

Berlin 1860 noch mit der 1738 errichteten und
1869 abgetragenen Akzisemauer

streit treten konnte. Aber die Stadt befand sich auf dem besten Weg dorthin. Sie platzte mittlerweile aus allen Nähten. Besonders dramatisch war die Lage in den bevorzugt von Arbeitern und Zuwanderern bewohnten Vierteln wie dem Wedding, Friedrichshain, Lichtenberg, Prenzlauer Berg, Neukölln (bis 1912 Rixdorf) oder auch Kreuzberg. Besonders in diesen hochverdichteten Gebieten entstanden die berüchtigten Mietskasernen mit ihren teilweise hintereinander liegenden Höfen und lichtarmen Wohnungen.

Der Hobrechtplan gab nur wenige Dinge vor. Zum einen sollten die Grundstücke zur Straßenseite eine geschlossene Bebauung aufweisen. Zum anderen durfte die Tiefe des Grundstücks nicht mehr als 57 Meter betragen und die Höhe des Hauses, die sogenannte Traufhöhe, nicht mehr als 22 Meter. Da es keine Regeln für die Dichte der Bebauung auf den Grundstücken gab, sondern nur eine Maßangabe für den Wendekreis damaliger Feuerwehrspritzen in den Höfen (das waren 5,34 Meter), entwickelte sich der Hausbau in vielen Bezirken vor allem entlang der Renditevorstellungen der Hausbesitzer, womit Berlins Straßen von nun an ein typisches Gesicht bekamen. Die Fassade entstand unter Zuhilfenahme von standardisierten Musterkatalogen und unter Berücksichtigung des Geschmacks und Geldbeutels des Bauherrn und orientierte sich vor allem an unterschiedlichen Kunstepochen. Da die historisierenden Gesimse, Pilaster, Kranzleisten, Friese, Putten und Konsolen aus Gips jedoch häufig nicht besonders haltbar waren, beklagten bereits Ende der 1860er Jahre renommierte Kunstkritiker das ruinenhafte Aussehen mancher gerade erst vollendeter Stuckfassaden in Berlin.

Für die Bewohner der Vorderhäuser, zu denen häufig auch die Besitzer zählten, die sich bis zur Durchsetzung des Fahrstuhls in der so genannten Beletage einrichteten, welche sich in der Regel im Hochparterre oder ersten Obergeschoss be-

«'s dunkle Berlin»:
Radierung und Aquatinta von Heinrich Zille, 1898

fand, hatten die Bebauungsvorgaben fast nur Vorteile. Dies
änderte sich erst mit dem zunehmend motorisierten Straßen-
verkehr. Ansonsten beherbergten die bis zu sechs Geschosse
hohen Mietskasernen in ihren Seitenflügeln und Hinterhäu-
sern, die man euphemistisch auch Gartenhäuser nannte, vor
allem jene, die mehr schlecht als recht mit ihrem Gehalt aus-
kamen. Die Behausungen wurden meist noch enger, wenn die
in der Regel kinderreichen Mieter noch «Schlafburschen»
aufnahmen, um die Mietkosten zu decken. Schon aus hygie-
nischer Sicht war diese Überbelegung bereits damals eine Katastrophe. Das sogenannte Trockenwohnen von eigentlich
noch nicht bezugsfertigen Neubauten erhöhte zudem die ohnehin hohe Kindersterblichkeit. Kurz nach der Jahrhundertwende wohnten in den dicht bebauten ärmeren Quartieren
Berlins bis zu 60 000 Menschen auf einem Quadratkilometer.
Gewöhnlich fanden sich hier neben Wohnungen auch Ge-
werbebetriebe, die teilweise erhebliche zusätzliche Umwelt-

belastungen mit sich brachten. Politisch waren solche Wohn-gebiete seit dem letzten Drittel des 19. Jahrhunderts die unverzichtbare Basis für die Erfolge der Sozialdemokratie im «roten Berlin». Allerdings bedeuteten die in der Gründerzeit meist als Spekulationsobjekte errichteten Mietskasernen gerade für die vom Land in die Stadt strömenden Arbeitssuchenden häufig sogar eine Verbesserung. Dies blieb zum Teil noch nach dem Ersten Weltkrieg so.

In den Jahrzehnten nach dem Zweiten Weltkrieg wurden viele der vom Bombenkrieg verschonten unsanierten Mietskasernen in beiden Teilen Berlins, wie der 1873/74 im Wedding gebaute «Meyers Hof», schlicht abgerissen (1969/72), aber nicht selten durch kaum attraktivere Neubauten ersetzt. Da ihre zum Teil reich geschmückten Vorderhausfassaden mittlerweile aber zur Identität der städtischen Quartiere gehörten, wurde um die Erhaltung der Mietskasernen nun teils erbittert gekämpft. «Riehmers Hofgarten», eine bis 1892 unter anderem für Offiziere errichtete, reichgeschmückte Kreuzberger Blockbebauung, wurde so bereits 1964 zu einem geschützten Baubereich erklärt. Um seine Sanierung stritt man gleichwohl noch Jahrzehnte. Die Hausbesetzerszene entwickelte sich gerade in solchen Gegenden.

Die «besseren Lagen» der kaiserlichen Hauptstadt befanden sich einerseits dort, wo sich seit 1871 das neue politische Berlin entwickelte. Dazu gehörten in erster Linie die Friedrichstadt mit der Wilhelmstraße, die Dorotheenstadt mit «den Linden», die Leipziger Straße und das Gebiet am sogenannten Spreebogen. Die zentralen Reichsministerien wie das Auswärtige Amt und das Innenministerium, der Reichsrat sowie die Reichskanzlei lagen an der Wilhelmstraße. Der Reichstag trat zunächst am Dönhoffplatz zusammen, dann in der Königlichen Porzellanmanufaktur an der Leipziger Straße, schließlich im neuen, 1894 eingeweihten, von Paul Wallot gestalteten Reichstagsgebäude nahe der Spree.

Bereits seit Mitte des 19. Jahrhunderts entstanden aber auch im Westen und Südwesten der Stadt, zum Teil noch außerhalb der Stadtgrenzen, neue Wohngebiete. Im Kaiserreich gehörte vor allem das Gebiet um den südwestlich hinter dem Tiergarten beginnenden Kurfürstendamm dazu. Der Kurfürstendamm wurde insbesondere seit dem Regierungsantritt Wilhelms II. (1888–1918) zum bevorzugten Baugebiet der betuchten Berliner. Hier konkurrierten das reiche Bürgertum der Hauptstadt, aber auch der Adel und die höheren Beamten intensiv mit dem Hof. Prächtige Fassaden und ausladende Treppenhäuser zeigen noch heute den Versuch, mitzuhalten.

Wie prestigeträchtig der vornehme Westen wurde, demonstrierte 1907 auch die Eröffnung eines Kaufhauses des Westens, des KaDeWe in der Tauentzienstraße, am Rand des Kurfürstendamms. Es wurde das teuerste und vornehmste Kaufhaus Berlins, blieb jedoch nicht das einzige. Schon 1873 war an der Friedrichstraße die Kaiserpassage (Ecke Unter den Linden) eingeweiht worden und 1908 ebenfalls dort die Friedrichstraßenpassage zur Oranienburger Straße. 1897 hatte das bereits in der Stadt ansässige Kaufhaus Wertheim an der Leipziger Straße als das damals größte Warenhaus in Europa eröffnet, und 1912 entstand am Alexanderplatz das ebenfalls pompöse Kaufhaus Tietz. Mittelpunkt des neuen Zentrums im Westen war die 1895 eingeweihte neoromanische Gedächtniskirche am Auguste-Viktoria-Platz, dem heutigen Breitscheidplatz. Beide Zentren, das alte wie das neue, konnten in der unaufhörlich wachsenden Metropole ohne Probleme nebeneinander bestehen.

Das Berliner Bürgertum ließ sich seit Mitte des 19. Jahrhunderts vor allem im neuen Westen der Stadt nieder, in Charlottenburg und Wilmersdorf, aber auch im Bayerischen Viertel in Schöneberg. Vor allem aber zog es die Bürger in die noch weiter vor der Stadt liegenden Gemeinden. Villenviertel im Grünen entstanden im Grunewald, am anderen Ende des

Kurfürstendamms, aber auch in Richtung Potsdam, in Friedenau und Dahlem, Lichterfelde und Zehlendorf. Im Südosten
entstand die sogenannte Gartenstadt Karlshorst. Ansonsten
fanden sich vor allem an den vielen Seen attraktive Neubaugebiete für die Oberschicht. Dazu gehörten der Wannsee, der
Nikolassee, der Lietzensee, die Krumme Lanke oder der Müg-
gelsee, um nur einige zu nennen. Die märkischen Bauern, die
das Glück hatten, hier Land verkaufen zu können, wurden in
manchen Fällen zu den sprichwörtlichen «Millionenbauern».

Eine Voraussetzung für die weitere Ausdehnung der Stadt
war der Ausbau des öffentlichen Nahverkehrs, der seit 1847
vor allem mit Pferdeomnibussen und Pferdebahnen aufrecht-
erhalten wurde. Ab 1881 gab es zusätzlich elektrische Straßen-
bahnen. Als wichtigstes Massentransportmittel fuhr seit 1871
die Ringbahn, die 1877 fertig gestellt wurde und die großen
Kopfbahnhöfe miteinander verband. Seit 1882 wurde sie
durch die Stadtbahn ergänzt, die zum Teil bis heute auf ihren
gemauerten und eisernen Viadukten Charlottenburg mit
Tiergarten und Berlin-Mitte verbindet. Für sie wurden sogar
Schneisen durch dichte Wohngebiete geschlagen. Bis heute
durchschneidet sie sogar die Museumsinsel. Auch die später
gebaute U-Bahn fuhr als Hochbahn durch die weniger exklu-
siven Bezirke Berlins.

Die Bahn erschloss in der zweiten Hälfte des 19. Jahrhunderts nicht zuletzt einige Villenviertel. Steglitz hatte seit 1864
einen eigenen Bahnhof, Lichterfelde 1868/72 und Wannsee
1874. Andere Gebiete warteten lange oder auch vergebens
auf eine Verbindung. Der Grunewald etwa blieb abgelegen,
allerdings nicht unbedingt gegen den Willen der zumeist
wohlhabenden Villenbesitzer, die sich mit privaten Drosch-
ken und seit den 1890er Jahren auch mit den ersten privaten
Automobilen chauffieren ließen. Zum wirklichen Massentransportmittel konnten die Bahnen allerdings erst werden,
als 1891 ein kostengünstiger Nahverkehrstarif eingeführt

wurde und ab 1902 die dann rasch weiter ausgebaute elektrische U-Bahn fuhr.

Elektropolis und Rüstungsschmiede

Das Wachstum Berlins und der Ausbau der Verkehrsin-
frastruktur wären ohne die industrielle Entwicklung nicht
möglich gewesen. Seit den 1840er Jahren hatte die Industrialisierung in ganz Deutschland erheblich an Tempo zugelegt.
Auch der preußische Staat investierte erhebliche Summen in
die industrielle Entwicklung, wobei er gleichzeitig weitgehend darauf verzichtete, die Wirtschaft zu regulieren. Die
Konjunktur überhitzte sich schließlich in der «Gründerzeit»
nach dem Sieg über Frankreich. Die Spekulationsblase platzte
1873. Die Finanzmärkte brachen zusammen, Industrie und
Landwirtschaft kamen in erhebliche Bedrängnis. Hunderte
von Firmen schlossen, die Auswanderungsrate schnellte steil
nach oben, ebenso die Selbstmordrate. Der unerwartete
Crash führte, verbunden mit anderen Problemen, zum An-
wachsen radikaler politischer Positionen. Dies hatte unge-
ahnte Langzeitfolgen, insbesondere für den national aufgeladenen politischen Antisemitismus, der sich nun zunehmend
radikalisierte.

Zu den weiteren langfristigen Folgen der Krise gehörte ein
tiefes Misstrauen auch der Berliner gegenüber Börsen- und
«Spekulationsgeschäften». Mittel- und langfristig wurde der
industrielle Aufschwung Deutschlands durch die Grün-
derzeitkrise jedoch nicht gebremst. Die Hochindustrialisie-
rung seit 1871 hielt bis zum Ende des Ersten Weltkriegs an.
Zur Leitindustrie wurde nach der Eisenbahn- und Schwerin-
dustrie seit etwa 1890 die Elektroindustrie. Aber auch andere
Unternehmen und Branchen spielten eine wichtige Rolle in
Berlin, so etwa die leistungsfähige Bekleidungs- und Nah-
rungsmittelindustrie.

Die größten Berliner Unternehmen des Kaiserreichs produzierten Eisenbahnen und Elektrotechnik. Wie bedeutend sie waren, konnte man in Berlin auch daran erkennen, dass sie ganzen Stadtteilen ihren Namen gaben, etwa Borsigwalde oder Siemensstadt. August Borsig hatte seine Maschinen- und Lokomotivenfabrik 1837 noch außerhalb der Stadt in der Nähe des Oranienburger Tores errichtet. Durch den Boom der Eisenbahn erlebte das Unternehmen einen rasanten Aufstieg. Das Werk lieferte Dampfmaschinen auch bereits für andere Wirtschaftszweige. Schon 1872 war Borsig der größte Lokomotivenhersteller in Europa und die Nummer zwei weltweit. Da das Werk an der Chausseestraße längst zu klein geworden war, kaufte man Ende der 1840er Jahre im Nordwesten der Stadt Land am Tegeler See, wo die neuen Borsig-Werke entstanden. In Borsigwalde wohnten um die Jahrhundertwende bereits rund 2000 Menschen, eine Zahl, die sich im Zuge der Weltkriege noch vervielfachte. Das von Borsig erschlossene Gelände zog zahlreiche weitere Betriebe an. Dazu gehörten andere Eisenbahnproduzenten, aber auch Rüstungsbetriebe, wie etwa die Deutschen Waffen- und Munitionsfabriken am Eichborndamm.

Auf dem Gebiet der Elektroindustrie wurde in Berlin die 1847 von Werner von Siemens und Johann Georg Halske gegründete Telegraphen-Bauanstalt rasch zum multinationalen Konzern. Den Siemens-Werken, die zunächst in der Schöneberger Straße in Kreuzberg begonnen hatten, wurde es ebenfalls rasch zu eng. Ab 1872 produzierte man in der Charlottenburger Franklinstraße und am dortigen Salzufer. Der neue Firmensitz entstand ab 1899 ebenfalls im Nordwesten Berlins. Das riesige Areal der sogenannten Nonnenwiesen, das zu der damals noch selbstständigen märkischen Stadt Spandau gehörte, trug ab 1914 offiziell den Namen Siemensstadt. Hier entstand bis 1899 das Kabelwerk Westend, das aufwändig auf Holzpfählen über einem Altarm der Spree gebaut wurde. Rasch folgten drei weitere Kabelwerke, dazu ein Dynamowerk und bis 1913 ein eigenes Verwaltungsgebäude. Ab 1903 entstand das Wernerwerk I und das zunächst für die Automobilproduktion gebaute Röhrenwerk, ab 1906 das riesige Blockwerk I, ab 1914 dann das Wernerwerk II. In beiden Wernerwerken wurden zunächst Fernmeldegeräte, dann auch Elektronenmikroskope gefertigt, im Ersten Weltkrieg wurden aber auch hier schlichte Stahlhelme, Gewehre und Zünder produziert.

Die charakteristischsten Gebäude der Siemensstadt entstanden in der Weimarer Zeit durch den Architekten Hans Hertlein, so das 1924/25 errichtete Blockwerk II für die Radioproduktion, das gewaltige Schaltwerk und 1928/30 das monumentale Wernerwerk X, ein zehn Geschosse hoher Klinkerbau. Nicht alle überstanden den Zweiten Weltkrieg.

Die schärfste Konkurrenz für Siemens und Borsig entwickelte sich ebenfalls in Berlin. Die Allgemeine Elektricitäts-Gesellschaft (AEG) richtete sich unter der Leitung von Emil Rathenau 1887 zunächst am Stettiner Bahnhof, dann im Stadtteil Gesundbrunnen ein. Seit 1907 arbeiteten Siemens und AEG zusammen. Damals entstand auch die gemeinsame Tochterfirma Telefunken. Auch die AEG ließ sich in Berlin markante Fabrikationshallen errichten. Die architektonisch interessanteste entstand bis 1909 mit der von Peter Behrens entworfenen Turbinenhalle in Moabit. Weitere Firmenniederlassungen wurden 1897 in Berlin-Oberschöneweide mit dem Kabelwerk Oberspree und dem Automobilwerk NAG gebaut. In Hennigsdorf, außerhalb Berlins, beteiligte sich die AEG am Flugzeugbau. In den Jahren ab 1935 kaufte die AEG dann sogar Borsig auf und konnte schließlich auch die Siemens-Tochter Telefunken erwerben.

Den eigentlichen Hintergrund für den Höhenflug der Elektrotechnik bildete auch in Berlin die Elektrifizierung der Industrien und der kommunalen Infrastruktur, vor allem der

Straßen- und Gebäudebeleuchtung. Nicht zuletzt wurde der Nahverkehr elektrifiziert. Die in Berlin seit 1881 verkehrende elektrische Straßenbahn ersetzte nach und nach die Pferdebahn. Zwanzig Jahre später fuhren die ersten elektrischen U-Bahnen. Ringbahn und Stadtbahn wurden dagegen erst in den 1920er Jahren auf Elektroantrieb umgestellt.

Zum besonderen Charakter Berlins gehörte schon zur Kaiserzeit die Geschwindigkeit, das sprichwörtliche «Berliner Tempo», das das ohnehin raue Berliner Miteinander noch verschärfte. Der Automobilverkehr hatte in der Hauptstadt mit der ersten Zulassung eines Kraftfahrzeugs 1892 begonnen, das erste Motortaxi fuhr sieben Jahre später, und 1905 war der erste motorgetriebene Omnibus im Einsatz. Der Potsdamer Platz in Berlin wurde zum verkehrsreichsten Europas, so dass man hier 1924 die erste Verkehrsampel Deutschlands installierte, um der chaotischen Situation etwas Herr zu werden. Der technikverliebte Kaiser Wilhelm II., der es sich 1905 nicht nehmen ließ, die erste Automobilausstellung zu eröffnen und einem Kaiserlichen Automobilclub vorstand, hatte selbstverständlich auch nichts dagegen, als 1913 an der Ostseite des Grunewalds mit dem Bau einer «Automobil-, Verkehrs- und Übungsstraße», der AVUS, begonnen wurde. Sie wurde zur ersten geplanten Rennstrecke Deutschlands. Durch den Ersten Weltkrieg verzögert, öffnete sie 1921 ihren Betrieb.

Seit 1909 entwickelte sich Berlin allmählich auch zu einem Zentrum des Flugverkehrs. In diesem Jahr entstand zunächst in Johannisthal im Südosten der Stadt ein erster Motorflugplatz, sechs Jahre später, ebenfalls noch außerhalb, in Staaken bei Spandau, ein Luftschiffhafen. Nach dem Ende des Kaiserreichs wurde 1923 auf dem Tempelhofer Feld der erste Zentralflughafen gebaut, wenngleich Staaken noch in den 1930er Jahren Regierungsflugplatz blieb.

Als das zentrale Fernverkehrsmittel Berlins hielt sich allerdings bis zur Teilung Deutschlands und Europas 1945 die

Eisenbahn. Ausgehend von der ersten sogenannten Stamm-
bahnlinie, die 1838 zwischen dem noch außerhalb der Stadt
liegenden Potsdamer Platz und der Garnisonsstadt Potsdam
eröffnet worden war, entwickelte sich Berlin zum zentralen
Knotenpunkt mit großen, später repräsentativ ausgebauten
Kopfbahnhöfen. Dazu gehörten der Potsdamer (1838), der
Anhalter (1841), der Stettiner (1842), der Schlesische (bzw.
Frankfurter, 1842/81), der Hamburger (1846), der Ost-
(1857), der Görlitzer (1867), der Lehrter (1871) sowie der
Nordbahnhof (1877/78).

Regierungszentrum Berlin:
Weltpolitik und Skandale

Das Berlin der Kaiserzeit sollte alles sein: politisches Zentrum – immer mehr auch für die Weltpolitik –, kultureller
Brennpunkt und nicht zuletzt Mitte gesamtdeutscher Identifikation. Dass das 1871 unversehens zur Reichshauptstadt ge-
wordene Berlin damit überfordert war, lag auf der Hand. Unumstritten war Berlin nie gewesen. Auch Frankfurt am Main,
wo die Paulskirche für die Liberalen ein wichtiges gemeinsames Symbol war, hätten sich manche als neue Hauptstadt des
Deutschen Reiches vorstellen können. Nicht zuletzt blieben
vor allem im tiefen Westen und Süden des Reiches die Vorbehalte gegenüber einer Stadt bestehen, die geradezu als Parve-
nü unter den Hauptstädten galt.

Die Feiern aus Anlass des Sieges über Frankreich im Som-
mer 1871 hatten die politischen Querelen zunächst in den
Hintergrund treten lassen. Auch in den folgenden fast vierzig
Jahren des zweiten Kaiserreichs blieb die Erinnerung an den
Sedanstag eine wichtige nationale Gemeinsamkeit. Politisch
allerdings blieb Berlin das, was es auch vorher gewesen war.
Bismarck, dem es vorher nicht gelungen war, den «rechten»
Nationalliberalen in Berlin eine Mehrheit zu verschaffen, sah

*Das helle Berlin: Blick über die Kurfürstenbrücke mit dem
Reiterdenkmal des Großen Kurfürsten zur Schlüterfassade des
Schlosses an der Südseite, 1905*

sich weiterhin einer breiten «linken» Wählerschaft gegenüber. Dazu gehörte neben der liberalen Fortschrittspartei
immer stärker auch die Sozialdemokratie. Weil Berlin ein
industrielles Zentrum war, wuchsen in den folgenden Jahrzehnten vor allem die Wählerschichten der linken Parteien
Berlin blieb «rot».

Zu einem ernsthaften politischen Skandal in der Haupt-
stadt des Kaiserreichs entwickelte sich neben zahlreichen
Bau- und Korruptionsfällen ab 1879 der sogenannte Berliner
Antisemitismusstreit. Der Streit begann mit einem Artikel
Heinrich von Treitschkes, eines konservativen Historikers
an der Berliner Universität, über den angeblich zersetzenden
Einfluss von Juden im Nationalstaat. Als sich Treitschkes

liberaler Historikerkollege Theodor Mommsen einschaltete, wurde der Streit zu einem öffentlichen politischen Schlagabtausch, in dem über Monate aufgebrachte Leserbriefe ausgetauscht wurden und sogar Ausschreitungen die Debatte begleiteten. Im Kern handelte es sich dabei um eine Auseinandersetzung zwischen Nationalismus und Liberalismus. Schon Jahre zuvor hatte der konservative Hof- und Domprediger Adolf Stoecker für ähnliche Auseinandersetzungen gesorgt.

Für Skandale war allerdings auch Wilhelm II. jederzeit gut, der nur wenige Gelegenheiten ausließ, innen- und außenpolitisch in Fettnäpfchen zu treten und damit der kritischen Berliner Presse Schlagzeilen zu liefern, etwa Maximilian Hardens *Zukunft* oder der *Vossischen Zeitung*, für die auch Theodor Fontane schrieb. Zu einem eher komischen Skandal, der allerdings tief in die Mentalität des kaiserlichen Berlin blicken ließ, wurde 1906 der erfolgreiche Coup des gerade aus der Haft entlassenen Schusters Wilhelm Voigt, der sich als preußischer Hauptmann verkleidet ohne Probleme Bargeld im Köpenicker Rathaus auszahlen lassen konnte.

In der Kaiserzeit wurde Berlin aber auch zu einem wichtigen Mittelpunkt der europäischen und der Weltpolitik. 1878 beendeten die europäischen Großmächte hier auf dem sogenannten Berliner Kongress die schwelende Balkankrise. Die sechs Jahre später stattfindende Berliner Konferenz bildete eine wichtige Grundlage für die Kolonialpolitik Europas in Afrika. Intellektuelle Zentren im Dienste eigener kolonialer Interessen entstanden in Berlin 1887 mit dem Seminar für Orientalische Sprachen in der Dorotheenstraße, das Kolonialbeamte und -offiziere auf ihren Einsatz vorbereitete, und 1907 mit dem Reichskolonialamt in der Wilhelmstraße.

Die Entscheidungen, die das politische Berlin des Kaiserreichs ab 1890 mitzuverantworten hatte, waren nicht geeignet, die internationale Krise, die sich vor allem nach der Jahrhundertwende immer deutlicher abzeichnete, einzudämmen. Die

Bündnisstrukturen und Machtansprüche der europäischen Mächte waren das eine. Der latente Unwille, einen Krieg abzuwenden, das andere. Das zeigte bereits die Bosnische Krise 1909 und erst recht die Vorgeschichte des Ersten Weltkriegs. Auch Berlin dröhnte in der Julikrise 1914 vor Siegeszuversicht, als der Kaiser erklärte, er kenne keine Parteien mehr, sondern nur noch Deutsche, und die Parteien für die Kriegskredite stimmten. Der Vormarsch der deutschen Truppen verlief allerdings nur gegen Russland erfolgreich, während sich die Soldaten im Westen in einen verlustreichen Stellungskrieg verstrickten. An der sogenannten Heimatfront und damit auch in Berlin wurde das Leben bereits ab 1915 durch Versorgungsengpässe und schließlich durch die Mobilisierung von Arbeitskräften, insbesondere von Frauen für die Rüstungsindustrie, geprägt.

Die Kapitulation des deutschen Heeres, dem es auch in einer letzten Offensive im Westen 1918 nicht gelungen war, den Sieg zu erzwingen, kam für die Öffentlichkeit weitgehend überraschend. Die nach Berlin zurückkehrenden Truppen wurden jubelnd begrüßt. Die Revolution von 1918/19 wurde von vielen als Dolchstoß in den Rücken eines im Grunde siegreichen deutschen Heeres verstanden. Der Revolution vorausgegangen war eine Meuterei der kaiserlichen Marine in Kiel am 29. Oktober 1918, wo sich Matrosen schlicht geweigert hatten, für eine aussichtslose letzte Seeschlacht auszulaufen. Bereits wenige Tage später wurden in Berlin, wie an anderen Orten in Deutschland, Arbeiter- und Soldatenräte gegründet. Der Kaiser reiste kurz danach direkt aus seinem Hauptquartier im belgischen Seebad Spa ins holländische Exil weiter, nachdem ihm Reichskanzler Max von Baden am 9. November ohne Rücksprache seine Abdankung verkündet hatte. Am 28. November schließlich unterzeichnete Wilhelm II. im niederländischen Amerongen offiziell seinen Rücktritt.

4. Das Weimarer Berlin
1919–1933

Die «Goldenen Zwanziger»

Das Berlin der unmittelbaren Nachkriegszeit des Ersten Weltkriegs zeigte sich vornehmlich chaotisch. Am 9. November 1918 erreichte die Revolution die Hauptstadt. Angeheizt von der USPD, dem 1917 abgespaltenen linken Flügel der Sozialdemokratie, traten die Berliner Arbeiter in den Streik. Den durch Berlin ziehenden Demonstrationszügen schlossen sich schließlich sogar kaisertreue Truppen an. Um die Kontrolle über die politische Entwicklung so weit wie möglich zu behalten, zumal wenige Tage zuvor in München bereits die Räterepublik ausgerufen worden war, und nicht zuletzt, um einen blutigen Bürgerkrieg wie im zerfallenden Zarenreich zu vermeiden, übertrug Reichskanzler Max von Baden die Kanzlerschaft kurzerhand und entgegen den parlamentarischen Gepflogenheiten dem SPD-Parteichef Friedrich Ebert. Wiederum ohne dessen Zustimmung rief sein Parteifreund Philipp Scheidemann als Mitglied der letzten Reichsregierung am frühen Nachmittag des 11. November um 14 Uhr vom Balkon des Reichstagsgebäudes die «deutsche Republik» aus. Zwei Stunden später wurde von einem Balkon im Innenhof des Berliner Schlosses die «freie sozialistische Republik Deutschland» durch Karl Liebknecht von der USPD proklamiert. Unübersichtlicher ging es kaum.

Die Situation in Berlin eskalierte, als es nicht gelang, die USPD und insbesondere den Spartakusbund um Karl Liebknecht und Rosa Luxemburg dauerhaft in den neuen, von der

SPD geführten Rat der Volksbeauftragten einzubinden. In den sogenannten Weihnachtskämpfen ließ Friedrich Ebert zum ersten Mal reguläre Truppen gegen die revolutionäre Volksmarinedivision aufmarschieren. Am 29. Dezember trennte sich der Spartakusbund endgültig von der USPD und gründete am folgenden Tag im Berliner Abgeordnetenhaus nahe dem Reichstag eine eigene Partei, die KPD. Wenig später löste er dann den bereits länger geplanten Aufstand zur Errichtung einer Räterepublik aus. Das Chaos war perfekt.

Der Spartakusaufstand gegen die «Verräter» aus der SPD spielte sich zwischen dem 5. und 12. Januar 1919 vor allem im Stadtzentrum Berlins ab, vorzugsweise im Zeitungsviertel zwischen der Koch- und der Zimmerstraße sowie im Regierungsviertel um die Wilhelmstraße. Unter Einsatz von Flammenwerfern und Maschinengewehren wurde erbittert vor allem um das von den Spartakisten besetzte Verlagshaus des sozialdemokratischen *Vorwärts* in der Lindenstraße gekämpft. Aber auch in Spandau und Neukölln gab es heftige Auseinandersetzungen. Hier wurde sogar kurzfristig eine sozialistische Republik ausgerufen. Auf beiden Seiten gab es Gewaltexzesse, wobei die vom sozialdemokratischen Reichswehrminister Gustav Noske eingesetzten Truppen, einschließlich rechter Freikorps, härter vorgingen. Am 15. Januar fielen seiner Gardeschützendivision auch Liebknecht und Luxemburg in die Hände. Sie wurden zunächst ins Hotel Eden an der Kurfürstenstraße verschleppt und kurz darauf am Neuen See im Tiergarten erschossen. Die Leiche Luxemburgs, die die Täter nahe der Lichtensteinbrücke in den Landwehrkanal geworfen hatten, fand man erst Monate später.

Am 19. Januar 1919 konstituierte sich in Berlin die Nationalversammlung, die die erste republikanische Reichsverfassung verabschiedete. Die Situation in der Stadt blieb jedoch chaotisch, wie sich im März noch einmal drastisch zeigte, als Spartakusbund und Arbeiterrat einen Generalstreik beschlossen und die Reichsregierung schließlich den Belagerungszustand ausrief. Diesmal kam es vor allem auf dem Alexanderplatz im Bezirk Mitte zu heftigen Gefechten. Allein im März 1919 fielen rund 1200 Menschen diesen Kämpfen zum Opfer.

Die größten Belastungen für die junge Republik entwickelten sich jedoch aus dem Friedensvertrag von Versailles, den der Reichstag am 10. Januar 1920 ratifizierte. Die damit verbundene Anerkennung alleiniger Kriegsschuld und die exorbitanten Reparationszahlungen, die sich im Juni des Jahres auf 269 Milliarden Goldmark beliefen, zahlbar in 42 Jahren, destabilisierten die Republik nachhaltig von Beginn an, obwohl nur ein Bruchteil der Summe schließlich beglichen wurde. Die Weimarer Republik blieb ungeliebt. Von den knapp vierzehn Jahren ihrer Existenz verliefen nur vier halbwegs normal. Die erste Phase bis 1923 war durch Putschversuche und wirtschaftlichen Niedergang bestimmt. Höhepunkt der Krise war die Inflation. Seit 1924 befand sich die Republik in einer Phase relativer politischer und wirtschaftlicher Stabilität, die spätestens mit dem Beginn der Weltwirtschaftskrise am 25. Oktober 1929, dem «Schwarzen Freitag» der New Yorker Börse, endete. Aber die wenigen Jahre der Normalität reichten aus, um das gesamte Jahrzehnt in Berlin als die Goldenen Zwanziger in die Geschichte eingehen zu lassen.

Die Goldenen Zwanziger waren selbstverständlich nicht für alle golden, vor allem nicht für die zahlreichen Berliner, die in ärmlichen Verhältnissen lebten. Aber Berlin wurde zum kulturellen Mittelpunkt, und dies selbst im Vergleich zu den europäischen Konkurrenten Paris und London, wo man das erste Nachkriegsjahrzehnt ebenfalls als die aufregenden *roaring twenties* verstand. Berlin gab sich nun kosmopolitisch und avantgardistisch. Die Stadt war freizügig-verrucht und energiegeladen-verschwenderisch, modern-dynamisch und aufnahmefähig gegenüber Neuem, aber vor allem noch schneller als jemals zuvor. Gleichzeitig fand man in ihr natürlich noch immer die gleiche Armut, dieselbe politische Engstirnigkeit, die unter dem Eindruck des verlorenen Krieges eher noch wuchs, dieselben Ressentiments gegen Minderheiten und politische Gegner, dieselbe Korruption. Es kam eben nur darauf an, wohin man schaute. Am Ende der 1920er Jahre profitierte vor allem die NSDAP von den Skandalen in der Stadt. 1928 gelang es ihr auf Anhieb, im Zuge der Korruptionsaffäre um die Brüder Sklarek, über die bereits der Berliner Oberbürgermeister Böß gestolpert war, dreizehn ihrer Abgeordneten in die Stadtversammlung zu bringen.

Gerade wegen dieser Gegensätze jedoch wurde Berlin ein Anziehungspunkt für Künstler und Schriftsteller und viele, die es werden wollten. Nicht zuletzt war die Stadt Fluchtpunkt für Verfolgte. Rund 360 000 Russen, die vor Lenins Revolution geflohen waren, sammelten sich hier. In Deutschland wurde Berlin unangefochten der Ort, an dem man aufsteigen konnte. Es war kein Zufall, dass die farbige amerikanische Revuetänzerin Josephine Baker in Europa außer in Paris nur in Berlin auftrat und gerade hier ihre großen Erfolge feierte. Und Berlin fand Gefallen am bislang Verbotenen und Verruchten. Der schon 1910 eröffnete Sportpalast im Bezirk Schöneberg wurde neben den zahlreichen Varietees, Nachtclubs und den vielen illegalen Plätzen zu einer weiteren zentralen Vergnügungsstätte. Hier gab es berühmte Boxkämpfe, wie 1925 zwischen Hans Breitensträter und Paolino Uzcudun, über den noch im selben Jahr der erste deutsche Sportfilm in die Kinos kam. Hier traten der türkische Zirkusboxer Sabri Mahir, der vielen durch seine Treffen mit Bertolt Brecht bekannt wurde, und der spätere Boxweltmeister Max Schmeling zu Kämpfen an. Es gab Musikveranstaltungen mit international bekannten Tenören wie Enrico Caruso oder Richard Tauber und nicht zuletzt die berühmten Sechstagerennen, in denen der «Sportpalastwalzer» zur Hymne wurde.

In Berlin entwickelte sich die Dada-Bewegung, jene internationale Avantgarde, die alle damaligen bürgerlichen Kunstkonventionen auf den Kopf stellte, mit George Grosz, John Heartfield und Walter Mehring am weitesten und vielleicht am ausdrucksstärksten. Der Expressionismus, der bereits 1911 mit der Ausstellung der Berliner Secession Erfolge feierte, wurde hier mit Ernst Ludwig Kirchner zur weiteren zentralen künstlerischen Ausdrucksform des Weimarer Berlin. Zu den bekanntesten Autoren und Literaten, die das Berlin der Zwanziger zu ihrem Lebensmittelpunkt machten, gehörten unter anderem Erich Maria Remarque, der hier seinen erfolgreichen Antikriegsroman *Im Westen nichts Neues* schrieb, Alfred Döblin, dessen Eindrücke als Augenzeuge der Revolution in seinen Roman *November 1918* einflossen, und Lion Feuchtwanger, der den verbreiteten Antisemitismus in seinem historischem Roman *Jud Süß* einfing. Hier lebten der Arzt und Lyriker Gottfried Benn, dessen expressionistische lyrische Dichtung *Das Unaufhörliche* von Paul Hindemith vertont und 1931 in Berlin als Oratorium uraufgeführt wurde, der Lyriker und Kabarettist Joachim Ringelnatz, der aus München kam, weil er hier mehr Freiheit erwartete, und Arnold Zweig, der in Berlin 1927 sein bedeutendstes Werk *Der Streit um den Sergeanten Grischa* veröffentlichte. Auch die Bestsellerautorin Vicky Baum, die politischen Schriftsteller Carl von Ossietzky und Kurt Tucholsky, Walter Benjamin, der hier seine vielbeachtete philosophische Abhandlung *Zur Kritik der Gewalt* verfasste, der schon damals durch den Roman *Bauern, Bonzen und Bomben* berühmte Hans Fallada, Carl Zuckmayer und Bertolt Brecht, die zunächst am Deutschen Theater unter Max Reinhardt arbeiteten, und viele andere fanden in Berlin ihre Heimat. Nicht zuletzt muss Erich Kästner erwähnt werden, dessen Kinderbuch *Emil und die Detektive* die Stadt liebevoll verewigte.

Zudem hatten sich in Berlin bereits vor der Weimarer

Zeit Filmgesellschaften angesiedelt. Während der Republik waren es bereits über zweihundert. Fast 4000 Kinos gab es damals in der Stadt, und Uraufführungen waren Publikumsmagnete. Mit der Filmwirtschaft brachten Regisseure und vor allem Filmstars Glamour in die Stadt. Die während des Ersten Weltkriegs gegründete UFA wuchs mit Stumm- und später Tonfilmen wie Robert Wienes *Das Cabinett des Dr. Caligari* (1919), Friedrich Wilhelm Murnaus *Nosferatu* (1922), Fritz Langs *Metropolis* (1927), Josef von Sternbergs *Der Blaue Engel* und nicht zuletzt mit eindeutig politischen Filmen wie der *Dreigroschenoper* (1931) oder *Kuhle Wampe* (1932). Berliner Filmstars der Goldenen Zwanziger wurden Marlene Dietrich, Olga Tschechowa, Renate Müller, Hans Albers, Willi Forst, Willy Fritsch, Lilian Harvey, Otto Gebühr, Heinrich George und Paul Hörbiger. Einige mussten nach 1933 emigrieren, andere machten auch während des Dritten Reiches weiter Karriere.

«Sinfonie einer Großstadt»: Asphaltdschungel und Experimentierfeld

Zu einem der bekanntesten Dokumentarfilme, der den Mythos der Zwanziger in Berlin bis heute lebendig hält, wurde 1927 Walter Ruttmanns *Sinfonie einer Großstadt*. Beginnend mit einer Bahnfahrt durch die Wohngebiete und Laubenpieperidyllen der Stadt, steht vor allem die Geschwindigkeit Berlins im Mittelpunkt. Im Takt der Uhr bewegen sich Maschinen und Menschen in Berlin, halten für kurze Pausen inne, um gleich wieder von Neuem zu beginnen. Ruttmanns eigenwillige Hommage an Berlin war sichtbar vom Futurismus beeinflusst, jener kurz vor dem Ersten Weltkrieg in Italien entstandenen avantgardistischen Kunstrichtung, die durch die Faszination von Geschwindigkeit und Technik geprägt war. «Wir erklären, dass sich die Herrlichkeit der Welt um eine neue Schönheit bereichert hat: die Schönheit der Geschwindigkeit», hieß es im berühmten 1. Futuristischen Manifest Filippo Marinettis. Der Berliner Futurismus, der bereits vor 1914 als eine lokale Variante entstand, prägte 1929 auch Alfred Döblins Roman *Berlin Alexanderplatz*. Hier wurde die Großstadt zum Dschungel aus Stein, Menschen, Verbrechen und Lastern, künstlich ausgeleuchtet durch schrille Lichtreklamen und beschallt von Jazzrhythmen. Wie eine Illustration dazu wirkte das 1928 entstandene Triptychon *Großstadt* von Otto Dix, der sich als ein zentraler Vertreter der sogenannten Neuen Sachlichkeit in den besten Jahren der Weimarer Republik zwischen 1925 und 1927 in Berlin niederließ. Künstler und jene, die sich dafür hielten oder es werden wollten, trafen sich zu dieser Zeit vor allem im Romanischen Café an der Gedächtniskirche, dem «Wartesaal der Talente», wie es Stammgast Erich Kästner nannte.

Berlin wuchs. Anfang der zwanziger Jahre wurden verschiedene benachbarte Städte, kleinere Gemeinden und Gutsbezirke eingemeindet. Mit den Stimmen von SPD und USPD wurde bei Enthaltung der Zentrumspartei und gegen den Willen der anderen Parteien mit Wirkung vom 1. Oktober 1920 das «Gesetz über die Bildung einer neuen Stadtgemeinde Berlin» verabschiedet. Zu den nun rund 3,8 Millionen Einwohnern von «Groß-Berlin» auf 878 Quadratkilometern gehörten neben Berlin-Mitte, Prenzlauer Berg, Friedrichshain, Kreuzberg, Tiergarten und Wedding sieben weitere Stadt- und 59 Landgemeinden sowie 27 Gutsbezirke. Auch das ältere Spandau wurde nun eingemeindet, das bis heute in seiner Altstadt den Charakter einer märkischen Kleinstadt bewahrt. Berlin bestand jetzt aus zwanzig Bezirken, denen jeweils ein Bürgermeister mit seinem Rat vorstand. Insgesamt gab es 225 Stadtverordnete, dazu einen gemeinsamen Magistrat mit einem Oberbürgermeister an der Spitze.

Berlin profitierte mit der Bildung von «Groß-Berlin» noch intensiver vom brandenburgischen Umland. Allerdings ge-

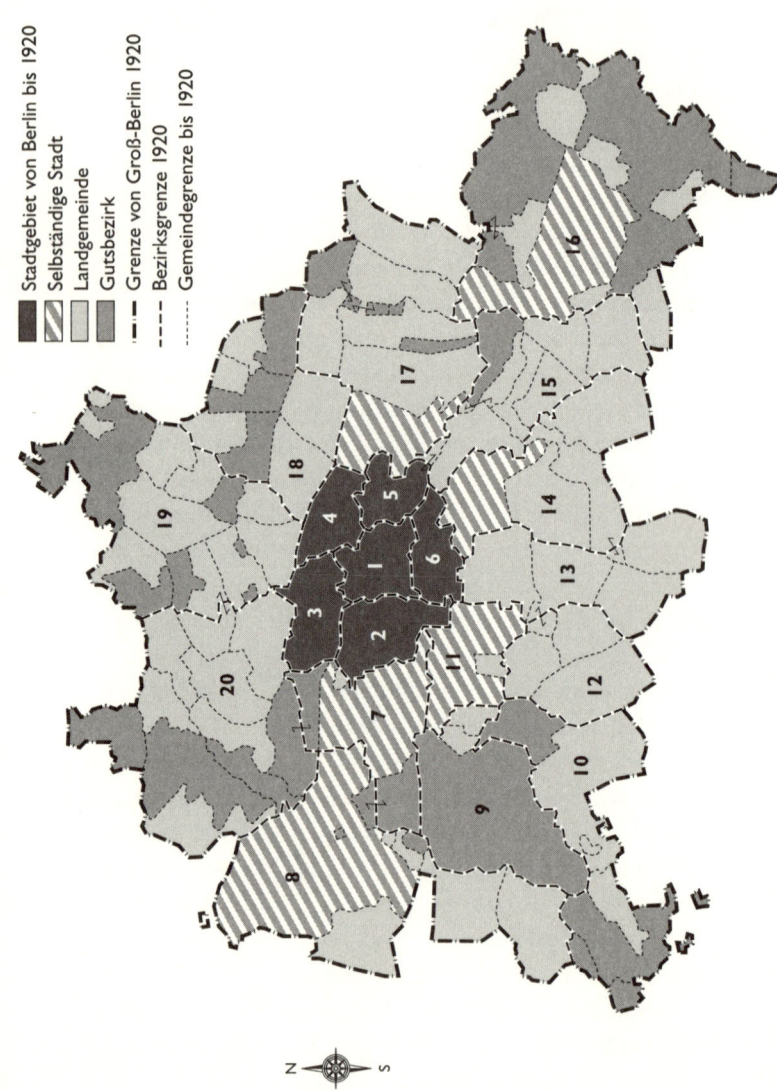

Stadtgebiet von Berlin bis 1920
Selbständige Stadt
Landgemeinde
Gutsbezirk
Grenze von Groß-Berlin 1920
Bezirksgrenze 1920
Gemeindegrenze bis 1920

Die Bildung von Groß-Berlin 1920

1 Bez. Mitte
St. Berlin
G. Schloß
2 Bez. Tiergarten
St. Berlin
3 Bez. Wedding
St. Berlin
4 Bez. Prenzlauer Berg
St. Berlin
5 Bez. Friedrichshain
St. Berlin
L. Stralau
6 Bez. Kreuzberg
St. Berlin
7 Bez. Charlottenburg
St. Charlottenburg
G. Plötzensee
G.-A. Heerstraße
G.-A. Jungfernheide-Süd
8 Bez. Spandau
St. Spandau
L. Staaken
L. Tiefwerder
L. Pichelsdorf
L. Gatow
L. Kladow
G. Zitadelle
G. Pichelswerder
G.-A. Heerstraße
9 Bez. Wilmersdorf
St. Wilmersdorf

L. Schmargendorf
L. Grunewald
G. Grunewald-Forst
10 Bez. Zehlendorf
L. Zehlendorf
L. Nikolassee
L. Wannsee
G. Dahlem
G. Glienicke
G. Pfaueninsel
G. Potsdam-Forst
11 Bez. Schöneberg
St. Schöneberg
L. Friedenau
12 Bez. Steglitz
L. Steglitz
L. Lichterfelde
L. Lankwitz
L.-A. Südende/Mariendorf
13 Bez. Tempelhof
L. Tempelhof
L. Marienfelde
L. Lichtenrade
L.-A. Mariendorf/Südende
14 Bez. Neukölln
St. Neukölln
L. Britz
L. Rudow
L.-A. Buckow-Ost

15 Bez. Treptow
L. Treptow
L. Oberschöneweide
L. Niederschöneweide
L. Johannisthal
L. Adlershof
L. Altglienicke
G. Wuhlheide
16 Bez. Köpenick
St. Köpenick
L. Friedrichshagen
L. Rahnsdorf
L. Müggelheim
L. Schmöckwitz
L. Bohnsdorf
L. Grünau
G. Köpenick-Forst
G. Grünau-Forst
17 Bez. Lichtenberg
St. Lichtenberg
L. Friedrichsfelde
L. Biesdorf
L. Kaulsdorf
L. Mahlsdorf
L. Marzahn
G. Biesdorf
G. Hellersdorf
18 Bez. Weißensee
L. Weißensee
L. Malchow
L. Wartenberg
L. Falkenberg

L. Hohenschönhausen
G. Malchow
G. Wartenberg
G. Falkenberg
19 Bez. Pankow
L. Pankow
L. Niederschönhausen
L. Blankenfelde
L. Buchholz
L. Buch
L. Karow
L. Blankenburg
L. Heinersdorf
L.-A. Rosenthal-Ost
G. Niederschönhausen
G. Rosenthal
G. Blankenfelde
G. Buch
G. Blankenburg
20 Bez. Reinickendorf
St. Reinickendorf
L. Lübars
L. Hermsdorf
L. Heiligensee
L. Tegel
L. Wittenau
L.-A. Rosenthal-West
G. Tegel-Forst
G. Tegel-Schloß
G. Frohnau
G.-A. Jungfernheide-Nord

Bez. = Verwaltungsbezirke, St. = Stadtgemeinden, L. = Landgemeinden, L.-A. = Landgemeinde-Anteile, G. = Gutsbezirke, G.-A. = Gutsbezirks-Anteile wann auch das Umland durch die benachbarte Boomtown. Die Märkte und Geschäfte Berlins bedienten weiterhin vor allem die märkischen Bauern, und nach wie vor wurde das «steinerne Berlin» zu großen Teilen mit Material aus dem Umland errichtet. In Berlin wurde Beton zum bevorzugten Baustoff und der Stahlskelettbau zu einem wichtigen neuen Konstruktionsmerkmal. Gebäude der Gründerzeit galten zunehmend als veraltet. Der von Adolf Loos, dem bekannten Wiener Vertreter des Neuen Bauens, als «unehrlich», gar «verbrecherisch» bezeichnete Fassadenschmuck wurde nun vielfach abgeschlagen – eine Praxis, die man meist eher mit der Zeit nach dem Zweiten Weltkrieg verbindet, als in den 1960er Jahren sogar Prämien gezahlt wurden, um den «unnützen Zierrat» von den Fassaden zu entfernen und durch einheitlichen grauen Kratzputz zu ersetzen.

Das Neue Bauen wurde zum Schlagwort. Berlin bot sich nicht nur wegen der erheblichen Wohnungsnot und der ungesunden Lebensverhältnisse in den Mietskasernen als Experimentierfeld an, sondern auch wegen der repräsentativen Möglichkeiten der Reichshauptstadt. Eigentlich hatte auch das Neue Bauen bereits vor dem Ersten Weltkrieg begonnen. Aber erst nach dem Krieg gelang der Durchbruch. Die Konzentration auf das Wesentliche sollte durch die Verwendung von Beton, Stahl, Glas und Backstein, vorzugsweise Klinker, erreicht werden sowie durch den weitgehenden Verzicht auf Dekoration. Die Vertreter dieses neuen Baustils sprachen von konstruktiver und stilistischer, aber auch sozialer Ökonomie. Zu ihren wichtigsten gehörten in Berlin Bruno und Max Taut, Erich Mendelsohn, Walter Gropius, Hans und Wassili Luckhardt, Hans Poelzig, Eugen Schmohl, Ludwig Mies van der Rohe, Philipp Schaefer, Richard Bielenberg, Hans Scharoun, Emil Fahrenkamp, Peter Behrens, Fritz Höger und Egon Eiermann. Einige von ihnen waren auch noch nach dem Zweiten Weltkrieg in Berlin tätig.

«Beine» für das Programmheft des Films «Berlin – Sinfonie einer Großstadt» in der Regie von Walter Ruttmann, 1927

Im Berliner Experimentierfeld der 1920er Jahre entstanden so wegweisende Bauten wie das Mosse-Haus an der Jerusalemer Straße (Erich Mendelsohn, 1923), der Verwaltungsturm der Borsig-AG (Eugen Schmohl, 1924), der auch

als erstes Hochhaus Berlins gilt, das Verbandshaus der Buch-
drucker in Kreuzberg (Max Taut, 1926), der auffällig verklin-
kerte «WOGA-Komplex» mit dem Universum-Lichtspielhaus
am Kurfürstendamm (Erich Mendelsohn, 1931), der Titania-
Palast in Schöneberg (Schöffler, Schloenbach und Jacobi,
1928), das riesige Warenhaus Karstadt in Neukölln (Philipp
Schaefer, 1929), die «Kant-Garagen» als erstes Parkhochhaus
Berlins (Richard Paulick/Hermann Zweigenthal, 1930), das
bis 1931 errichtete wellenförmige Shell-Haus am Landwehrkanal (Emil Fahrenkamp) sowie das berühmte Columbus-
Haus am Potsdamer Platz (Erich Mendelsohn, 1932).

Parallel dazu entstand eine Fülle von Wohnhäusern in dem
noch heute erstaunlich modern erscheinenden Stil, unter anderem die Hufeisensiedlung in Britz (Bruno Taut/Martin
Wagner, 1927), die Weiße Stadt im Bezirk Reinickendorf
(Otto Rudolf Salvisberg/Wilhelm Büning/Bruno Ahrends,
1931), die Wohnstadt Carl Legien in Prenzlauer Berg (Bruno
Taut/Franz Hillinger, 1930) oder die Waldsiedlung Onkel
Toms Hütte in Zehlendorf (Bruno Taut/Otto Rudolf Salvis-
berg/Hugo Häring, 1931). Helle Wohnungen, große, begrünte
Innenhöfe und Balkone waren der Gegenentwurf zu den sti-
ckigen Mietskasernen der Gründerzeit. Seit der Senatsbau-
ordnung vom 3. November 1925 waren Neubauten von Mietskasernen sogar ausdrücklich verboten. Teilweise wurden die
neuen Wohnblocks direkt neben Parks angelegt, so etwa eine
Reihe von Wohnanlagen in der Nähe des Fehrbelliner Platzes,
die ab 1926 auf die sprichwörtliche grüne Wiese gesetzt wurden. Einer der ersten Mieter im Neubau an der Wittelsbacher
Straße war der Schriftsteller Erich Maria Remarque.

Auch verkehrstechnisch wurde Berlin in den 1920ern noch
moderner. Im Jahr 1928 gelang es nach langem Hin und Her
die bestehenden Bus-, Straßenbahn- und U-Bahn-Linien in
einer Gesellschaft zusammenzufassen, die von nun an Berliner Verkehrs-Aktiengesellschaft (BVG) hieß und nicht weni-

ger war als das größte kommunale Unternehmen der Welt. Als Verkehrsknotenpunkt war fünf Jahre zuvor der städtische Flughafen Tempelhof eröffnet worden, auf dem in den folgenden Jahren, ebenfalls im Stil des Neuen Bauens, die Flugzeughallen errichtet wurden. 1926 entstand in Berlin die Deutsche Lufthansa als Zusammenschluss mehrerer Unternehmen. Auch als Bahnknotenpunkt wurde Berlin noch schneller. Der «Fliegende Hamburger» raste nach einer Versuchsphase mit 160 Stundenkilometern Richtung Hamburg. Mit dem von einem Flugzeugmotor angetriebenen «Schienenzeppelin» mit 200 Stundenkilometern ging es noch flotter.

Auch medial hatte Berlin die Nase vorn. 1923 begann der Rundfunk mit seinen Sendungen, und ein Jahr später entstand in der Nähe des neuen «Hauses des Rundfunks» an der Masurenallee der Funkturm, der seit seiner Fertigstellung zur 3. Internationalen Funkausstellung in Berlin 1926 zu einem neuen Wahrzeichen der Stadt wurde.

Das «Schlangenei»?
Zwischen Demokratie und Diktatur

Das Berlin der zwanziger Jahre war auch in den ruhigeren Phasen oft im Ausnahmezustand. Putschversuche, politische Morde und gewalttätige Demonstrationen verunsicherten die Stadt. Ein jahrelanger Straßenkampf der extremistischen Parteien führte dazu, dass KPD und NSDAP selbst in einzelnen Mietskasernen wie der «Richardsburg» in Neukölln ihren Krieg führten. Aus den Fenstern flatterten je nach politischer Überzeugung der Mieter Fahnen der verschiedenen Parteien. Kein Wunder, dass viele später im Rückblick glaubten, dass das Weimarer Berlin der Ort war, an dem das kommende Unheil der nationalsozialistischen Diktatur und des Weltkriegs unmittelbar voraussehbar wurde. So interpretierten es später auch die Spielfilme *Das Schlangenei*

(1977, Regie: Ingmar Bergman) oder *Cabaret* (1972, Regie: Bob Fosse).

Lange bevor im November 1923 in München der Chef der rechtsradikalen und damals noch sehr kleinen NSDAP, Adolf Hitler, bei seinem Marsch auf Berlin scheiterte, waren Umsturzversuche von rechts wie links in der Reichshauptstadt an der Tagesordnung. Den Anfang machte im März 1920 der sogenannte Kapp-Lüttwitz-Putsch, der begann, als die Reichsregierung gemäß den alliierten Vorgaben die Freikorps auflöste. An der Spitze standen der gerade entlassene General Walther von Lüttwitz und der ostpreußische Generallandschaftsdirektor Wolfgang Kapp. Der Putsch scheiterte am 18. März, weil sich der Öffentliche Dienst in Berlin weigerte, dieser «Reichsregierung» zu folgen, und ein Generalstreik das gesamte öffentliche Leben lahmlegte. In den nächsten Jahren fanden weitere Putschversuche im Reich statt, die ausnahmslos scheiterten.

Ebenso wie Umsturzversuche gehörten Attentate auf politische Repräsentanten der Republik und sogenannte Fememorde an tatsächlichen oder angeblichen Verrätern der eigenen Sache zum politischen Klima der Zeit. Als einer der höchsten Repräsentanten der Republik fiel ihnen bereits am 26. August 1921 Reichsfinanzminister Matthias Erzberger zum Opfer, den man während seines Urlaubs im Schwarzwald erschoss. Ein erstes Attentat auf ihn war anderthalb Jahre zuvor in Berlin gescheitert. Das nächste, ebenso hochrangige Opfer wurde am 24. Juni 1922 Reichsaußenminister Walther Rathenau. Mörder aus der rechtsradikalen «Organisation Consul» erschossen ihn vor seinem Haus in Berlin-Grunewald. Er entsprach gleich mehreren Feindbildklischees: Wie Erzberger gehörte er zum Kreis jener, die in der Anfangszeit der Republik versuchten, die Versailler Reparationsforderungen einzuhalten und deshalb als «Erfüllungspolitiker» diffamiert wurden, und er war Jude. Knapp drei Wochen vor dem Attentat auf Rathenau war am 4. Juni 1922 ein Anschlag auf Philipp Scheidemann gescheitert. Fememorde auch in den eigenen Reihen waren schließlich so verbreitet, dass der Reichstag 1926 sogar einen eigenen Ausschuss zur Aufklärung einsetzte. Er blieb wie so vieles weitgehend ohne Wirkung. Die Gesamtzahl der politischen Morde in Deutschland lag damals schon bei vierhundert.

Berlin war als Reichshauptstadt auch für die Gegner der Republik prestigeträchtig. Dennoch versuchte die NSDAP erst mit der Ernennung von Joseph Goebbels zum Gauleiter von Berlin am 1. November 1926 ernsthaft, die «rote» Reichshauptstadt den politischen Gegnern streitig zu machen. Das erste Büro des «Gaus Berlin-Brandenburg» befand sich in der Potsdamer Straße, nahe dem Sportpalast. Knapp vier Wochen nach dem Amtsantritt von Goebbels lieferte sich die Berliner SA zum ersten Mal eine der berüchtigten Straßenschlachten mit den politischen Gegnern. Von nun an ging es hoch her in der Reichshauptstadt, auch weil Goebbels die öffentliche Aufmerksamkeit suchte. Die Gewalttätigkeiten steigerten sich kontinuierlich. Nach einer heftigen Auseinandersetzung zwischen NSDAP- und KPD-Anhängern in Berlin-Lichterfelde im März 1927 sah der Berliner Polizeibericht sogar «alles bisher Dagewesene in den Schatten» gestellt.

Die andauernden Schießereien, Krawalle, Saal- und Straßenschlachten hatten allerdings auch zur Folge, dass die erste Berliner Rede Hitlers am 1. Mai 1927 nur hinter verschlossenen Türen stattfinden durfte. In ganz Preußen hatte er öffentliches Auftrittsverbot. Nach erneuten heftigen Krawallen wurde kurz danach die NSDAP mit allen ihren nachgeordneten Organisationen in Berlin und Brandenburg verboten. Die Republik war noch in der Lage, sich zu wehren, wenn auch nur halbherzig. Der Aufhebung des Verbots am 31. März 1928 und der ersten öffentlichen Rede Hitlers am 16. November im Berliner Sportpalast folgten zwangsläufig weitere Zusammenstöße, vor allem in den Bezirken Wedding und Neukölln. Zu Höhepunkten wurden der 1. und 3. Mai 1929, als im «Blutmai» allein 42 Menschen während der Demonstrationen in Berlin zu Tode kamen.

Aber nicht nur Angehörige der beiden großen Extremistenparteien fielen den Gewaltorgien zum Opfer. Die Polizei war auf beiden Seiten unbeliebt, in einigen Bezirken geradezu verhasst. Am 9. August 1931, einem Sonntag, als der dann missglückte Volksentscheid zur Auflösung des Landtags in Preußen stattfand, erschossen mehrere Attentäter aus der KPD vor dem Karl-Liebknecht-Haus am Bülowplatz (dem heutigen Rosa-Luxemburg-Platz), nördlich des Alexanderplatzes, die Polizisten Paul Anlauf und Franz Lenck aus dem Hinterhalt. Als einer der Mörder wurde 62 Jahre später Erich Mielke verurteilt, der ab 1957 als DDR-Staatssicherheitsminister amtierte. Vorausgegangen war am Vortag am gleichen Ort ein tödlicher Schuss eines Polizisten in den Rücken eines KPD-nahen Arbeiters. Obwohl solche Vorkommnisse bereits an der Tagesordnung waren und viele Berliner sie manchmal gar nicht mehr wahrnahmen, wurde die Beerdigung der beiden erschossenen Beamten unter «ungeheurer Beteiligung des Berliner Publikums», wie die *Vossische Zeitung* damals schrieb, zu einer Demonstration gegen die Gewalt in der Stadt.

Die öffentlichen Gewaltinszenierungen lohnten sich allerdings für die NSDAP, wenn auch zunächst nicht im «roten» Berlin. Es gelang ihr, ausgerechnet sich selbst als Ordnungsmacht gegen das Chaos der Republik zu präsentieren. Bei den letzten Reichstagswahlen der Weimarer Republik warb die NSDAP erfolgreich mit dem Slogan: «Unsere letzte Hoffnung: Hitler». Aber Hitlers Partei zeigte sich anders als ihre auf bestimmte Wählerschichten festgelegten Weimarer Konkurrenten auch moderner, und das sowohl in der Wahlkampftechnik als auch in der Mobilisierung. Im Rückblick erscheint sie als erste Volkspartei, die alle Wählerschichten gleichzeitig ansprechen und trotzdem einen starken Anteil in der Arbeiter- und Mittelschicht bewahren konnte.

Bei den Reichstagswahlen 1928 erreichte die NSDAP noch schwache 2,6 Prozent der Wählerstimmen, 1930 waren es bereits 18,3 Prozent. In der Sitzverteilung schnellte die nun zweitstärkste Fraktion, die sich offen für die Abschaffung der Weimarer Republik einsetzte, von 12 auf 107 Sitze hoch. Die Reichstagswahl im Juli 1932, in der Hitler vor allem die Nichtwähler mobilisieren konnte, machte die NSDAP schließlich zur stärksten Partei. Sie erreichte 37,4 Prozent der Wählerstimmen im Reich und 28,6 Prozent in Berlin. Die Berliner waren zu diesem Zeitpunkt zwar nicht mehrheitlich für Hitler, aber immerhin wählte in der Stadt jeder zweite Wahlberechtigte entweder die rechten oder die linken Extremisten. Die KPD kam auf 27,3 Prozent. Dass zwischen beiden trotz aller bis aufs Blut ausgetragenen Feindschaft ein Konsens bestand, die Republik politisch zu schwächen und wenn möglich auszuhebeln, zeigte 1932 der gemeinsam von NSDAP und KPD getragene Streik der BVG-Beschäftigten.

Eher aus Machtkalkül als aus politischer Notwendigkeit machte Reichspräsident Paul von Hindenburg nach einer Reihe von Präsidialkabinetten den Führer der NSDAP zum Kanzler einer Mitte-Rechts-Regierung, die am 30. Januar 1933 ihr Amt antrat. Das harmlos erscheinende Bild einer Staatsführung, in der die NSDAP lediglich den Kanzler und zwei Minister stellte, eingerahmt von Deutschnationalen, verdeckte allerdings, dass alle drei Nationalsozialisten Schlüsselstellungen einnahmen. Mit Hermann Göring als Reichsminister ohne eigenen Aufgabenbereich, der zugleich neuer kommissarischer preußischer Innenminister war, und dem neuen Reichsinnenminister Wilhelm Frick kontrollierten die Nationalsozialisten bereits seit 1933 die gesamte Innenpolitik des Reiches.

5. Zerstörung
1933–1945

Hitler und die Eroberung des «roten Berlin»

Den Beginn ihrer «Machtergreifung» zelebrierten die Nationalsozialisten in der Reichshauptstadt mit einem Fackelzug am Abend des 30. Januar 1933. Rund 15 000 Anhänger marschierten sechs Stunden in einem Fackelzug durch die Stadt und das Brandenburger Tor. Gauleiter Goebbels, der drei Monate später zum Reichspropagandaminister ernannt wurde, notierte in sein Tagebuch: «Es ist soweit. Wir sitzen in der Wilhelmstraße. Hitler ist Reichskanzler. Ein Märchen. […] Wahlkampf vorbereiten. Der letzte. Den werden wir haushoch gewinnen.»

Nach dem Reichstagsbrand am 27. Februar 1933 wurden die terroristischen Maßnahmen gegen Andersdenkende intensiviert. Wer für das Feuer verantwortlich war, konnte bis heute nicht geklärt werden. Noch am Tatort nahm die Polizei den niederländischen Staatsbürger Marinus van der Lubbe fest. Ende des Jahres wurde er in einem fragwürdigen Schauprozess verurteilt und 1934 in Leipzig hingerichtet. In Berlin traf die Terrorwelle zunächst vor allem die Arbeiterbewegung. Auf der Basis der noch am Tag nach der Brandstiftung erlassenen sogenannten Reichstagsbrandverordnung wurden Ende Februar in Berlin rund 1500 Personen verhaftet. Bereits kurz nach dem 30. Januar 1933 betrieben SA und SS in ihren Berliner «Sturmlokalen» und Kasernen rund fünfzig «wilde» Konzentrationslager, wo ohne jede Rechtsgrundlage Gegner festgehalten wurden. Personen verschwanden über Nacht und tauchten niemals oder schwer misshandelt wieder auf. Im Norden der Hauptstadt, im benachbarten Oranienburg, entstand 1936 mit Sachsenhausen das zentrale Konzentrationslager für Berlin.

In der Hauptstadt traf es als einen der ersten NS-Gegner den bei den Rechten verhassten Herausgeber der bereits 1905 hier gegründeten *Weltbühne* (Titel seit 1918), den bekannten Berliner Pazifisten Carl von Ossietzky. Er starb 1938 an den Folgen der KZ-Haft. Wie viele andere hatte er nicht daran geglaubt, dass sich die Nationalsozialisten lange an der Macht halten würden. Die letzten, noch halbfreien, aber unter terroristischen Bedingungen abgehaltenen Reichstagswahlen am 5. März 1933 brachten für die NSDAP reichsweit 43,9 Prozent aller Stimmen. Zusammen mit dem Koalitionspartner DNVP, der elf Prozent erreichte, kam das «Kabinett der Nationalen Konzentration» damit auf eine klare absolute Mehrheit. Das «rote Berlin» allerdings zeigte auch bei den von den Nationalsozialisten massiv behinderten Wahlen noch einmal, wie stark die Arbeiterparteien hier waren. Es entschieden sich trotz Terror 46,2 Prozent der Wahlberechtigten noch für SPD (21,7 Prozent) und KPD (24,5 Prozent). Die eine Woche später stattfindenden Abstimmungen zum Berliner Stadtparlament bestätigten dieses Bild. Die beiden großen Arbeiterparteien erhielten immer noch 41,5 Prozent der abgegebenen Stimmen. Die NSDAP kam auf 38,5 Prozent und erreichte zusammen mit der DNVP auch in Berlin eine knappe absolute Mehrheit von 50,3 Prozent.

Im Zuge der sogenannten Gleichschaltung wurde drei Tage nach der Stadtverordnetenwahl der Berliner Magistrat aufgelöst. Der den Deutschnationalen nahestehende Oberbürgermeister Heinrich Sahm wurde zwar auf seinem Posten belassen, aber ihm wurde mit dem ehemaligen Redakteur der Gauzeitung *Der Angriff*, Julius Lippert, ein nationalsozialistischer Staatskommissar übergeordnet, der von nun an alle seine Amtshandlungen überwachte. 1935 wurde Sahm zunächst durch den ebenfalls deutschnationalen Oskar Maretzky ersetzt, bevor zwei Jahre später Lippert als Stadtpräsident mit den Rechten eines Regierungspräsidenten die Position ganz übernahm. Auf Lippert folgte 1940 nach Differenzen um den von Hitler befohlenen Umbau der Stadt Ludwig Steeg und 1944/45 Joseph Goebbels.

Am 23. März 1933 verabschiedete der Reichstag, der nach dem Brand in der gegenüberliegenden Krolloper tagte, bei erzwungener Abwesenheit der KPD-Abgeordneten und gegen die Stimmen der SPD zunächst das für die weitere Durchsetzung der Diktatur zentrale sogenannte Ermächtigungsgesetz, mit dem die Republik faktisch beseitigt war, wenngleich ihre Verfassung nicht aufgehoben wurde. Nun konnte Hitler zunächst für vier Jahre ohne die Zustimmung des Reichstags regieren. Danach war die Diktatur etabliert.

Neben den politischen Gegnern geriet systematisch die jüdische Bevölkerung ins Visier. Von den knapp 500 000 Juden in Deutschland lebte etwa ein Drittel in der Reichshauptstadt, darunter so bekannte Persönlichkeiten wie Albert Einstein, der es allerdings vorzog, nach dem 30. Januar 1933 von einer Auslandsreise nicht mehr nach Berlin zurückzukehren. Auf den Boykott jüdischer Geschäfte am 1. April des Jahres reagierte die jüdische Gemeinde schnell und bis zur Auflösung jüdischer Organisationen 1938 wirkungsvoll mit einem Selbsthilfeprogramm. Es brachte unter anderem die aus «rassischen Gründen» entlassenen Musiker, Künstler oder Lehrer beruflich zeitweilig wieder unter. Freilich konnte die Gemeinde die häufigen tätlichen Angriffe auf Juden in der Öffentlichkeit nicht verhindern. Die sogenannten Kurfürstendamm-Krawalle am 15. und 16. Juli 1935 bildeten einen weiteren Höhepunkt antisemitischer Gewalt, über den auch die ausländische Presse ausführlich berichtete. Kaum von der Öffentlichkeit beachtet wurde hingegen die systematische

Ausplünderung oder Weitergabe jüdischer Betriebe unter dem Deckmantel der «Arisierung» durch Kreditverweigerung und Einsetzung neuer Geschäftsführer. In Berlin traf es auch die großen, berühmten Warenhäuser wie Tietz, KaDeWe, Wertheim und Jandorf.

Die massive Bedrängung und Verfolgung wurde bis Kriegsbeginn mit den sogenannten Nürnberger Gesetzen 1935 und vor allem mit der «Reichskristallnacht» 1938 fort-gesetzt und gipfelte schließlich im organisierten Mord während des Krieges. Bis 1945 kamen dabei schätzungsweise 62 000 Berliner jüdischen Glaubens ums Leben. Rund 7000 begingen Selbstmord. Etwa 90 000 Berliner Juden gelang die Auswanderung, in der Regel unter Zurücklassung ihres ge-samten Eigentums. Nur etwa 6000 Berliner Juden, die nicht ausgewandert waren, kamen mit dem Leben davon.

Auch gegen andere reale oder vermeintliche Gegner gin-gen die Nationalsozialisten nach der «Machtergreifung» mas-siver vor. Am 10. Mai 1933 verbrannten nationalsozialistische Studenten auf dem Opernplatz gegenüber der Friedrich-Wil-helms-Universität Bücher missliebiger Autoren. Im Juni fielen der SA während der sogenannten Köpenicker Blutwoche über zwanzig SPD- und KPD-Angehörige zum Opfer. Die Kirchen sparte man vorerst noch aus. Zunächst versuchte man, auch sie «gleichzuschalten». Im Juni 1934 traf es dann die SA selbst. Als störendes Relikt aus der «Kampfzeit» beseitigte man am 30. Juni 1934 ihre Führung um Ernst Röhm zusammen mit letzten innerparteilichen Gegnern aus dem sogenannten lin-ken Flügel der NSDAP sowie sonstigen missliebigen Perso-nen. Im Raum Berlin traf es auch Kurt von Schleicher, der in seiner Potsdamer Villa ermordet wurde. Der letzte Weimarer Reichskanzler hatte 1932 bei seinem Versuch, die NSDAP zu «zähmen», besonders auf den «linken Flügel» um die Brüder Gregor und Otto Strasser gesetzt.

In der Außenwahrnehmung, die auch viele Berliner teilten,

schien sich das Regime seit Mitte 1934 aber eher zu normalisieren. Die NS-Regierung nutzte außenpolitische Erfolge wie die Wiedereingliederung des Saargebiets 1935 und des Rheinlands 1936 oder den «Anschluss Österreichs» 1938, aber auch die 1936 in Berlin stattfindenden Olympischen Spiele sowie verschiedene weitere Anlässe zur öffentlichen Selbstdarstellung. Dazu gehörte nicht zuletzt auch die pompös begangene 700-Jahr-Feier Berlins 1937.

Öffentliches Unbehagen löste dagegen bei den Berlinern schon unmittelbar nach dem 30. Januar 1933 alles das aus, was nach einer Fortsetzung der chaotischen Zustände in der Weimarer Republik aussah. Dazu gehörten nicht zuletzt die ungesühnten Gewalttaten, unabhängig davon, gegen wen sie sich richteten. Infolgedessen wurden sogar die sogenannten Nürnberger Gesetze, die die Entrechtung und materielle Ausplünderung von Juden 1935 auf eine pseudorechtliche Basis stellten, ebenso wie die Morde an angeblichen Putschisten um den SA-Chef Ernst Röhm im Sommer 1934 häufig als Normalisierung wahrgenommen, wie die Berichte über den Alltag im nationalsozialistischen Deutschland zeigen. Beunruhigt sah der Durchschnittsdeutsche allerdings auch in Berlin den entfesselten Mob am 9. November 1938, als in der Reichspogromnacht unter anderem neun von den zwölf Synagogen der Hauptstadt und an die 1000 jüdische Geschäfte zerstört wurden. Nach offiziellen Angaben fielen dem Pogrom reichsweit 91 Menschen zum Opfer. Die wirkliche Zahl ist unbekannt. Hunderte Menschen begingen Selbstmord, Hunderte wurden in die Lager verschleppt.

Germania und Zerstörung

Hitler hielt Berlin schon vor 1933 nicht nur für eine politische, sondern vor allem auch für eine architektonische Zumutung. Wie schon 1871 genügte die Stadt nicht mehr den politischen Ansprüchen. Die Berliner Kommunalpolitik der Weimarer Zeit hatte vor allem auf Wohnungsbau gesetzt, nur wenig dagegen auf Repräsentation. Das Versprechen, die Arbeitslosigkeit zu beseitigen, das Hitler vor allem an die Macht spülte, bescherte Berlin, wo im Februar 1933 rund 700 000 Menschen ohne Beschäftigung waren, vor allem öffentliche Baumaßnahmen. Tatsächlich ging damit die Arbeitslosigkeit markant zurück, um ab 1936 in einen Facharbeitermangel zu münden. In dessen Folge gelang es, im Berliner Werk der Auto-Union in Spandau sogar einen erfolgreichen Lohnstreik durchzuführen.

Noch prestigeträchtiger als der von Hitler fortgesetzte Autobahnbau der Weimarer Zeit, der bis 1936 zur Schließung des Autobahnrings um die Stadt führte, waren in Berlin Repräsentationsbauten. Als eines der ersten Großprojekte nahm man 1934 den Erweiterungsbau der Reichsbank nicht weit vom Berliner Schloss in Angriff. Es folgten unter anderem das monumentale Reichsluftfahrtministerium an der Leipziger Straße, die Deutschlandhalle am Messegelände, Versicherungs- und Verwaltungsbauten am Fehrbelliner Platz und nicht zuletzt der Ausbau des Flughafens Tempelhof sowie des ebenfalls aus Weimarer Zeiten stammenden Sportforums mit Olympiastadion, das zum sogenannten Reichssportfeld zusammengefasst wurde. In der Voßstraße entstand bis 1939 die als erster Bau eines NS-Monumentalstils geltende Neue Reichskanzlei. Der Wohnungsbau blieb dagegen für die Nationalsozialisten wenig prestigeträchtig. In Anlehnung an die Gartenstädte vor 1933 entstanden in Berlin etwa die Kleinsiedlungen Spekte in Spandau, Dreipfuhl in Zehlendorf oder Waldidyll in Reinickendorf. Eine der wenigen Großsiedlungen in der Zeit des Dritten Reiches wurde zwischen 1938 und 1940 am Grazer Damm gebaut.

Das wichtigste Prestigeprojekt Hitlers für Berlin entstand seit 1937 unter der Leitung des zum Generalbauinspekteur

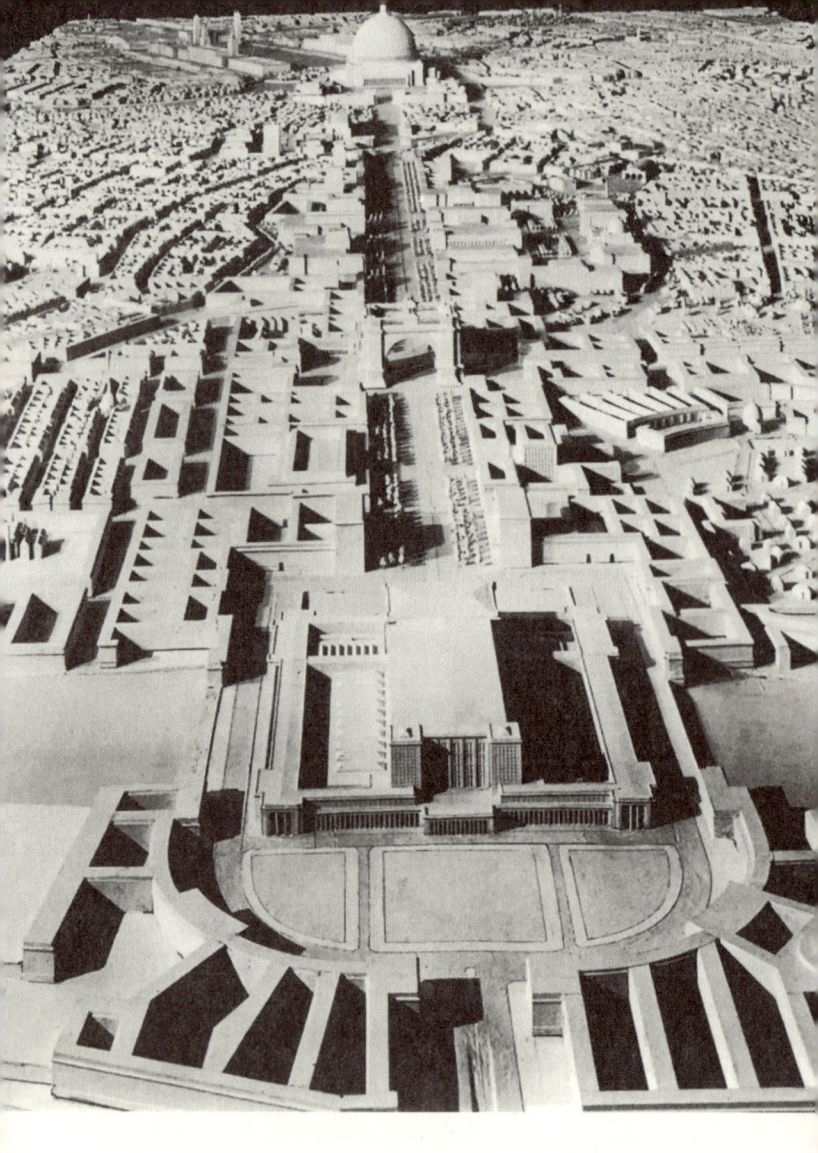

*Modell der Nord-Süd-Achse vom Südbahnhof (unten)
über den Triumphbogen bis zur «Großen Halle» (oben).
Planungsstand März 1940*

der Reichshauptstadt ernannten Albert Speer. Nach Hitlers Vorstellungen sollte die Stadt nach dem «Endsieg» im bevorstehenden Krieg bis 1950 zur «Welthauptstadt Germania» ausgebaut werden. Die Planungen variierten über viele Jahre und wurden erst unmittelbar vor Kriegsende eingestellt. Man weiß, dass Hitler sich noch in den letzten Kriegswochen in seinem Berliner Bunker mit den Architekturmodellen beschäftigte, als vom alten Berlin wenig mehr als eine Trümmerwüste übrig geblieben war. Die alliierten Bombenangriffe, die in Berlin am 26. August 1940 begannen und sich seit November 1943 mit den bei Tag und Nacht durchgeführten Flächenbombardements massiv steigerten, sah man in den Planungsbehörden nicht unbedingt als Nachteil, sondern als Vorwegnahme ohnehin notwendiger Räumungen. Den Abbrucharbeiten fielen vor allem am Spreebogen südlich des Potsdamer Platzes sowie in Tempelhof seit 1938 rücksichtslos auch architektonisch bedeutendere Bauten zum Opfer.

Hitler und Speer sahen für Berlin-Germania ein in Nord-Süd- und Ost-West-Richtung verlaufendes Achsenkreuz vor. Der unterirdische Kreuzungspunkt sollte beim Brandenburger Tor liegen, wo noch heute seine unterirdischen Reste zu finden sind. In der Nähe des monumentalen Regierungsviertels waren gigantische Kopfbahnhöfe vorgesehen. Das wohl spektakulärste und einschüchterndste Bauensemble im Stil des Neoklassizismus sollte im Spreebogen entstehen: ein gigantischer Kuppelbau, genannt «Große Halle», in der Hitler vor 180 000 Menschen reden wollte. Vor ihr war ein Aufmarschgebiet für eine weitere Million Menschen vorgesehen. Entlang der Nord-Süd-Achse waren unter anderem die Bauten der Wehrmacht, der SS und der Partei geplant, an denen vorbei Truppen durch einen gigantischen Triumphbogen marschieren sollten.

Zum Glück für Berlin wurde nur wenig davon realisiert. Der Krieg verhinderte «Germania». Zum fünfzigsten Geburtstag Hitlers 1939 wurde der Westteil der Ost-West-Achse fertig gestellt und mit einer martialischen Truppen-parade feierlich freigegeben. Noch heute stehen an ihr die von Speer gestalteten Straßenleuchten. In der Dudenstraße wurde 1941/42 der «Großbelastungskörper T» errichtet, mit dem die (mangelnde) Tragfähigkeit des märkischen Bodens für den Triumphbogen auf der Nord-Süd-Achse getestet wurde. Im Bereich des «Runden Platzes» entstand das «Haus des Fremdenverkehrs», das in der Nachkriegszeit zugunsten des heutigen Kulturforums abgerissen wurde. Die am Rand des Grunewalds bereits 1937 begonnenen Teile einer Hoch-schulstadt wurden nach 1945 mit 26 Millionen Kubikmetern Trümmern überhäuft. Auf die Spitze des schließlich 115 Me-ter hohen «Teufelsbergs» stellten die Amerikaner im Kalten Krieg 1957 eine weithin sichtbare Abhöranlage Richtung Osten.

Weitere Trümmerberge zur Entsorgung der bis zu neunzig Millionen Kubikmeter zerstörten Alt-Berlins entstanden un-ter anderem mit der Oderbruchkippe im Stadtteil Prenzlauer Berg, über den beiden riesigen Flaktürmen am Humboldt-hain, mit dem Großen Bunkerberg («Mont Klamott») in Friedrichshain, mit dem «Insulaner» in Schöneberg, mit der Marienhöhe in Tempelhof, der Rixdorfer und Rudower Höhe in Neukölln, im Volkspark Weinberg in Mitte, im Fritz-Schloß-Park in Tiergarten, am Nordrand des Charlottenbur-ger Schlossparks sowie im Wuhletal (Trümmerberg Kauls-dorf). Auf dem Mont Klamott in Friedrichhain ließ die SED 1950 dann auch die Reste des gesprengten Berliner Stadt-schlosses abladen.

Von originärer NS-Architektur blieben im Stadtbild Ber-lins vor allem Bunkeranlagen bestehen, von denen einige selbst den alliierten Sprengversuchen nach 1945 standhielten. Die Reste der Reichskanzlei, insbesondere ihr roter Kalkstein, fanden im U-Bahnhof Mohrenstraße, in der Friedrich-Wil-

Mai 1945: Das zerstörte Stadtschloss
vom Lustgarten aus gesehen

helms-Universität sowie am Treptower Ehrenmal der Roten Armee ihre weitere Verwendung. Die unterirdischen Bunker im Ostteil wurden in den folgenden Jahrzehnten bis auf wenige Reste abgetragen und verfüllt, da die DDR Fluchten und Infiltrierungen durch vergessene Schächte fürchtete.

Für viele Berliner verliefen die ersten Kriegsjahre vor den großen Luftangriffen ohne größere Veränderungen. Den Kriegsbeginn am 1. September 1939 nahm man in der Stadt – ganz anders als 1914 – ohne sichtbare Begeisterung auf. Sie stellte sich aber ein, als die ersten Feldzüge wider Erwarten leicht und siegreich verliefen und das Gefühl hinterließen, bald werde wieder Frieden herrschen. Mit der Niederlage der 6. deutschen Armee in Stalingrad Anfang 1943 und der Zunahme der Bombenangriffe verschwand die Zuversicht endgültig, und auch der frenetische Beifall und die «Ja»-Rufe des ausgewählten Publikums im Sportpalast, vor dem Goebbels am 18. Februar 1943 seine berühmt-berüchtigte Rede zum «totalen Krieg» hielt, konnten nicht darüber hinwegtäuschen, dass auch die Berliner jenseits aller «Endsieg»-Parolen nur noch durchhielten.

Der Bombenkrieg in Berlin forderte bis zur Kapitulation der Stadt am 2. Mai 1945 etwa 50 000 Todesopfer. Rund 1,5 Millionen Menschen verloren ihre Wohnung. Rund eine Million Berliner wurden ab 1943 im Umland in Sicherheit gebracht, darunter viele Kinder. Der sogenannte Endkampf begann, als die Rote Armee mit einer massiven Offensive seit dem 25. April 1945 die Stadt eingeschlossen hatte. Allein in diesen letzten Kriegstagen kamen noch einmal Tausende Berliner ums Leben. Erst zwei Tage nach dem Selbstmord Hitlers im Bunker der Reichskanzlei kapitulierte auch der «Kampfkommandant» Berlins, General Weidling. In der Nacht vom 8. auf den 9. Mai unterzeichnete OKW-Chef Wilhelm Keitel im sowjetischen Hauptquartier in Berlin-Karlshorst die bedingungslose Kapitulation Deutschlands.

Zu keinem Zeitpunkt normal verlief das Leben während des Krieges für die noch in der Stadt verbliebene, mittlerweile völlig entrechtete jüdische Bevölkerung. Juden wurden ab 1939 in «Judenhäusern» ghettoisiert und ab 1941 systematisch mit Zügen in Konzentrations- und Vernichtungslager abtransportiert, etwa von der berüchtigten «Grunewaldrampe» aus. Nicht weit davon entfernt beriet am 20. Januar 1942 auf der folgenreichen Wannseekonferenz der Chef des Reichssicherheitshauptamts Reinhard Heydrich mit Vertretern verschiedener Ressorts die systematische Ermordung der jüdischen Bevölkerung in ganz Europa. Aus Berlin transportierte man im folgenden Jahr sogar jene Juden ab, die in kriegswichtigen Betrieben beschäftigt waren. Widerstände aus der Bevölkerung dagegen gab es auch in Berlin kaum. Eine große Ausnahme war im Februar und März 1943 der Protest von mehreren Hundert Frauen aus sogenannten privilegierten Mischehen in der Rosenstraße, wo ihre Ehemänner in einem Gebäude gesammelt wurden, wahrscheinlich zum Abtransport in Lager. Da das Regime Unruhen kurz nach der Katastrophe von Stalingrad fürchtete, hatten die Demonstrationen Erfolg.

Als Machtzentrum Deutschlands wurde Berlin zwangsläufig auch das wichtigste Zentrum des politischen Widerstands gegen das NS-Regime. Die meisten Opfer hatte zunächst die Arbeiterbewegung, vor allem die KPD, zu beklagen, deren organisierter Widerstand 1935 weitgehend zusammenbrach. Was blieb, waren auch in Berlin vereinzelte Gruppen, so etwa um Arvid Harnack und Harro Schulze-Boysen. Der sozialdemokratische Widerstand ging im Dritten Reich vor allem in die «innere Emigration», wenngleich er noch bis Kriegsende ein geheimes Berichtswesen und Kontakte zu anderen Gruppen unterhalten konnte. Auch einige der anderen Weimarer Parteien konnten sich noch jahrelang in Berlin organisieren, etwa die Liberalen um Ernst Strassmann.

Der Widerstand der Evangelischen Kirche wurde in Berlin vor allem als Bekennende Kirche aktiv, die sich seit 1934 unter anderem um die Dahlemer Pfarrer Martin Niemöller und dessen Nachfolger Helmut Gollwitzer sammelte. Das 1936 gegründete «Büro Grüber» half jüdischen Verfolgten, und der Berliner Theologe Dietrich Bonhoeffer gehörte zu den Verschwörern im Umkreis des Attentats auf Hitler vom 20. Juli 1944. Die Katholische Kirche organisierte sich in Berlin unter anderem um das Hilfswerk beim Bischöflichen Ordinariat. Aufsehen erregend war im Oktober 1941 vor allem die Verhaftung ihres Berliner Dompropstes Bernhard Lichtenberg, der in der St. Hedwigs-Kathedrale öffentlich auch für die Juden und für die Soldaten beider Seiten gebetet hatte. Er starb 1943 unter ungeklärten Umständen auf dem Transport in das Lager Dachau.

Der militärische und konservative Widerstand fand im Bombenattentat Claus Schenk Graf von Stauffenbergs auf Hitler in dessen ostpreußischem Hauptquartier «Wolfsschanze» am 20. Juli 1944 seinen Höhepunkt. An den Vorbereitungen hatten auch zahlreiche Personen aus anderen Widerstandsgruppen teilgenommen. Der Umsturzversuch betraf zentral Berlin, wo vor allem die Partei-, SS- und Gestapo-Dienststellen sowie der Reichsrundfunk besetzt werden sollten. Die Umsetzung scheiterte an vielen einzelnen Problemen, nicht zuletzt am Zögern Einzelner. Vor allem aber überlebte der Diktator, wie in Berlin rasch bekannt wurde, und dies führte dazu, dass unter der Führung von Goebbels unter anderem das in Moabit stationierte Berliner Wachbataillon «Großdeutschland» gegen die Verschwörer eingesetzt werden konnte. Noch in der Nacht wurde Stauffenberg mit weiteren Verschwörern im Hof des Oberkommandos der Wehrmacht in der Bendlerstraße erschossen. Bis Kriegsende nahm die Gestapo Hunderte weitere Verhaftungen vor. Am 7. August 1944 begannen die Schauprozesse vor dem sogenannten

Volksgerichtshof, der dafür im Gebäude des Kammergerichts am Kleistpark in Schöneberg tagte. Man geht davon aus, dass etwa 140 Personen im Zusammenhang mit dem 20. Juli hingerichtet und 700 verhaftet wurden. In der Berliner Hinrichtungsstätte Plötzensee wurden allein 89 der am 20. Juli Beteiligten gehenkt.

Nachkriegszeit: Überleben und der Beginn des Kalten Krieges

Bereits am 28. April 1945, zwei Tage vor Hitlers Selbstmord, hatte der sowjetische General Nikolai Bersarin als Militärkommandant von Berlin damit begonnen, deutsche Bürgermeister einzusetzen. Heute weiß man, dass die Sowjets sehr gezielt Personen gerade auch aus dem Bürgertum auswählten, um die Besatzungspolitik und die verdeckte Machtübernahme der deutschen Kommunisten vorzubereiten. Als Berlin am 2. Mai kapitulierte, befand sich bereits seit zwei Tagen die aus Moskau eingeflogene KPD-Gruppe um Walter Ulbricht in der Stadt. Am 19. Mai 1945 konnte Bersarin den ersten Nachkriegsmagistrat um den parteilosen Oberbürgermeister Arthur Werner im Neuen Stadthaus einsetzen, in dem die Kommunisten bereits auf die entscheidenden Positionen einnahmen.

Diese erste Berliner Stadtregierung nach dem Krieg las sich bereits wie ein Who is Who der späteren DDR. Erster Stellvertreter Werners war Karl Maron, der spätere Innenminister der DDR. Von den zwölf Stadträten kamen sechs aus der KPD, unter ihnen Otto Winzer, der spätere DDR-Außenminister. Wenn sie nicht direkt aus der KPD stammten, dann häufig aus den in der sowjetischen Kriegsgefangenschaft entstandenen Organisationen wie dem Nationalkomitee Freies Deutschland (NKFD). Bei der Polizei ging die Sowjetische Militäradministration (SMAD) ganz auf Nummer Sicher. Bereits 1946 waren 70 Prozent der Reviervorsteher im Ostteil Berlins Mitglied der SED.

Auch sonst ging alles sehr rasch. Am 10. Juni 1945 lizenzierte die SMAD mit der KPD die erste der «antifaschistischen Parteien», der noch im Juni die SPD und die CDU und im Juli die LDP(D) folgten. Ebenfalls bereits im Juni 1945 wurde in Berlin mit dem Freien Deutschen Gewerkschaftsbund (FDGB) auch die erste Gewerkschaft zugelassen. Die wichtigste Entscheidung für die Parteienlandschaft der Sowjetisch Besetzten Zone (SBZ) und der DDR fiel allerdings im April 1946. KPD und SPD wurden gezwungen, sich zur kommunistisch dominierten Sozialistischen Einheitspartei Deutschlands (SED) zusammenzuschließen. Die feierliche Vereinigung im Admiralspalast an der Friedrichstraße schuf nicht nur eine Zentralpartei, sondern degradierte alle anderen zu sogenannten Blockparteien, aus denen nach und nach alle widerspenstigen Politiker hinausgedrängt wurden. Die SED wurde auch im Westteil Berlins aktiv, ab 1969 dann unter dem Namen Sozialistische Einheitspartei Westberlins (SEW). Sie erhielt dort aber nie mehr als 2,3 Prozent der Stimmen.

In dem von den Sowjets unter hohem Blutzoll eroberten Berlin hatten rund 2,3 Millionen Menschen ausgeharrt. Das war wenig mehr als die Hälfte der Einwohnerzahl vor dem Krieg. Die Stadt war weitgehend eine Trümmerwüste. 39 Prozent der Wohnungen und 35 Prozent der Industrieanlagen waren zerstört. Sowjetische Soldaten tobten sich über Wochen in den Resten aus. Erst allmählich kehrte mehr Sicherheit ein. Aber die Sowjets kamen auch als Befreier. Bereits am 11. Mai 1945 fand im Wedding der erste Gottesdienst der nahezu völlig ausgelöschten jüdischen Gemeinde Berlins statt.

Gemäß der alliierten Vereinbarungen unterzeichneten die Oberkommandierenden der vier Siegermächte, Eisenhower (USA), Montgomery (Großbritannien), Lattre de Tassigny (Frankreich) und Schukow (UdSSR), am 5. Juni 1945 eine

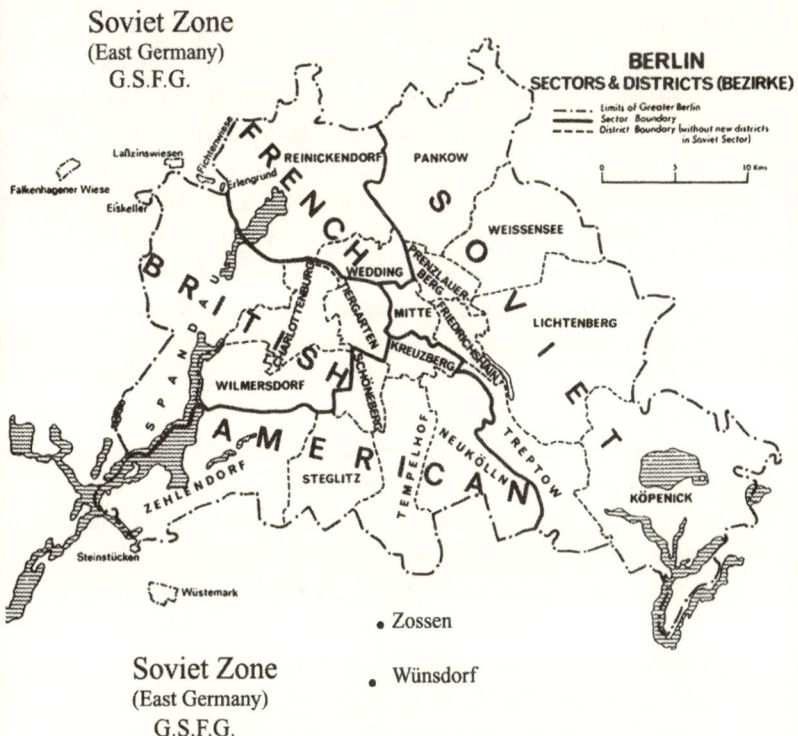

Soviet Zone
(East Germany)
G.S.F.G.

BERLIN
SECTORS & DISTRICTS (BEZIRKE)

— · — Limits of Greater Berlin
——— Sector Boundary
— — — District Boundary (without new districts
              in Soviet Sector)

0   5   10 Kms

Laßzinswiesen
Falkenhagener Wiese
Eiskeller
Fichtewiese
Erlengrund

REINICKENDORF   PANKOW

FRENCH

WEISSENSEE

BRITISH

SPANDAU   CHARLOTTENBURG   WEDDING   PRENZLAUER BERG

TIERGARTEN   MITTE   FRIEDRICHSHAIN

LICHTENBERG

KREUZBERG

WILMERSDORF   SCHÖNEBERG

AMERICAN   NEUKÖLLN   TREPTOW

SOVIET

ZEHLENDORF   STEGLITZ   TEMPELHOF

KÖPENICK

Steinstücken

Wüstemark

• Zossen

Soviet Zone
(East Germany)
G.S.F.G.

• Wünsdorf

*Westalliierte Karte der Berliner Besatzungszonen nach 1945,
einschließlich der sogenannten Exklaven*

«Vier-Mächte-Erklärung von Berlin». In ihr teilten die Sieger
die Hauptstadt zunächst in drei Sektoren auf. Zum sowjetischen gehörten die Bezirke Köpenick, Treptow, Friedrichshain, Lichtenberg, Mitte, Prenzlauer Berg, Weißensee und
Pankow. Die Amerikaner verwalteten Zehlendorf, Steglitz,
Tempelhof, Neukölln und Kreuzberg; die Briten Wilmersdorf, Charlottenburg, Wedding, Reinickendorf und Spandau.
Für den Einzug in Berlin rückten US-Truppen aus Thüringen
ab, das von nun an zur SBZ gehörte. Wenig später kamen auch
die Franzosen, die den ihnen zugestandenen Sektor in den

Bezirken Wedding und Reinickendorf am 12. August besetzten. Über sogenannte Militärmissionen hatten alle vier Siegermächte (und 15 sogenannte interessierte Staaten) bis zum Ende der deutschen Teilung Zugang zu allen Zonen. Überdies gab es zehn sogenannte Exklaven, das heißt Gebiete, die bereits seit der Bildung von Groß-Berlin 1920 zum Stadtgebiet gehört hatten, aber jetzt in der SBZ lagen. Bis auf Steinstücken im Süden, das beim Westen blieb und um das es immer wieder Konflikte gab, wurden alle weiteren Gebiete 1972 im Rahmen des Viermächteabkommens ausgetauscht.

Für die gemeinsame Verwaltung wurde die Alliierte Kommandatura eingerichtet, in der alle notwendigen Beschlüsse einstimmig zu treffen waren. Sie kam am 11. Juli 1945 zum ersten Mal in Karlshorst zusammen. Später tagte sie im US-Sektor in Dahlem. Ein zusätzlicher Alliierter Kontrollrat, der für die über Berlin hinausgehende gemeinsame Deutschlandpolitik zuständig war und dem auch die Kommandatura unterstellt war, traf sich seit Ende Juli 1945 zunächst im amerikanischen Hauptquartier in Zehlendorf und später im Gebäude des ehemaligen Kammergerichts am Kleistpark im Westen Berlins.

Beide interalliierte Gremien funktionierten schon in dieser Formierungsphase des Kalten Krieges bis 1947 nur schwerfällig. Zum endgültigen Eklat kam es, als der sowjetische Vertreter am 20. März 1948, kurz vor dem Beginn der Ersten Berlinkrise, den Kontrollrat verließ. Zuvor hatte man unentwegt über Demontagen und Reparationshöhen gestritten. Drei Monate später war am 16. Juni 1948 auch die gemeinsame Kommandatura am Ende.

Weil man in Berlin allerdings schon aus ganz pragmatischen Gründen klare Regelungen für die gesamte Stadt benötigte, wurde die Berliner Kommandatura, die in ihrer kurzen Existenz seit 1945 immerhin 1168 gemeinsame Befehle und Verordnungen für Groß-Berlin auf den Weg gebracht hatte, durch die drei Westmächte mit einer Erklärung vom 21. Dezember 1948 fortgeführt. Gleichzeitig forderte man die Sowjetunion auf, wieder mitzuwirken. Da sie das nicht tat und gleichzeitig in ihrem Sektor eine gemeinsame Verwaltung unterband, entfiel ihre Mitsprachemöglichkeit im Westen. Übrig blieben bis zur Wiedervereinigung Berlins 1990 nur wenige gemeinsame alliierte Angelegenheiten. Dazu gehörten die Verwaltung des Kriegsverbrechergefängnisses in Spandau, als dessen letzter Insasse 1987 der «Führer-Stellvertreter» Rudolf Heß starb, sowie der Betrieb einer gemeinsamen Luftsicherheitszentrale für Berlin.

Das Bündnis zwischen den Angloamerikanern und den Sowjets kam 1941 zustande, weil man Hitler als die größte Gefahr betrachtete. Doch schon seit 1943 war es ständig brüchiger geworden. Seit dem Sieg über Deutschland war es praktisch nicht mehr vorhanden. Beide Seiten hatten in den letzten Kriegsmonaten mit Blick auf die als unvermeidlich angesehene kommende Auseinandersetzung, die man seit 1947 als Kalten Krieg bezeichnete, versucht, sich eroberte Räume und militärisch nutzbare Ressourcen zu sichern. Während die USA vor ihrem Rückzug aus Thüringen vor allem Raketentechnik abtransportierten, konzentrierten sich die Sowjets auf Nukleartechnik, nach der sie auch Berlin durchsuchten. Hier, wo sie zunächst allein handeln konnten, fanden sie allerdings wegen der deutschen Auslagerungen nur wenig Brauchbares. Aus Berlin schickten sie immerhin die Institute für physikalische Chemie und Elektrochemie sowie für Biochemie, Chemie und Silikatforschung komplett in die UdSSR, zum Teil samt Direktoren, die notfalls im Schnelldurchgang entnazifiziert wurden wie etwa der Direktor des Instituts für physikalische Chemie und Elektrochemie, Peter Adolf Thiessen. Insgesamt demontierten die Sowjets die Industrien aus ihrer Berliner Zone ebenso konsequent wie in der gesamten SBZ, so dass im Ostteil der Stadt

1947 zusammen mit den Kriegszerstörungen bis zu neunzig Prozent der Anlagen fehlten.

Die Konferenz von Potsdam vom 17. Juli bis 2. August 1945, die eigentlich in Berlin tagen sollte und deswegen offiziell nach wie vor «Berliner Konferenz» hieß, endete bezeichnenderweise nur noch mit einem gemeinsamen «Kommuniqué» der Alliierten. Für Beobachter war klar, dass sie mehr als alle Verhandlungen zuvor vom Konflikt der Siegermächte gekennzeichnet war. US-Präsident Harry S. Truman, der Nachfolger des verstorbenen Franklin D. Roosevelt, beschwerte sich über die Missachtung alliierter Absprachen, wie sie zuletzt in der sogenannten Jalta-Deklaration vereinbart worden waren. Der sowjetische Diktator Stalin zeigte sich besonders über die Einstellung amerikanischer Lieferungen verärgert.

Während der Potsdamer Konferenz wurde mit dem erfolgreichen Einsatz der neuen Atombombe über Hiroshima ein Signal gegeben, das den nun folgenden Kalten Krieg 45 Jahre lang bestimmte. Mit der erfolgreichen Zündung einer sowjetischen Atombombe 1949 und einer sich hochschaukelnden Aufrüstung auf beiden Seiten manövrierten sich die Siegermächte des Zweiten Weltkriegs in eine scheinbar aussichtlose Situation. Der neuartige «totale Konflikt» wurde nun unter Einsatz aller Ressourcen unterhalb der nuklearen Schwelle geführt, in heißen Stellvertreterkriegen in der «Dritten Welt» ebenso wie auf kulturellem und wirtschaftlichem Gebiet. In diesem Wettkampf der Systeme kam dem geteilten Berlin eine neue Rolle als Frontstadt zu.

Fast unbeachtet endete 1947 die lange Geschichte Berlins als Hauptstadt Preußens. Am 25. Februar wurde mit dem Kontrollratsgesetz Nr. 46 der Staat Preußen aufgelöst.

6. Wieder eine Doppelstadt:
Berlin-Ost – Berlin-West
1946–1961

Krisengebiet und Leistungsschau der Systeme

Dass Berlin im Mittelpunkt des beginnenden Systemkonflikts stand, hatte sich bereits 1945/46 in der Entscheidung der Hauptsiegermächte gezeigt, Rundfunksender exklusiv für Berlin und seine Umgebung einzurichten. Als Gegengewicht zu dem von den Sowjets kontrollierten Berliner Rundfunk (vormals Radio Berlin) entstand 1946 der Vorläufer des im September auf Sendung gehenden RIAS, des berühmten «Rundfunks im amerikanischen Sektor». Man sendete zunächst aus der Schöneberger Winterfeldtstraße, ab 1948 aus der dortigen Kufsteiner Straße. Das Gebäude in der Nachbarschaft des Schöneberger Rathauses, dem späteren Sitz des Regierenden Bürgermeisters von Westberlin, zeigt bis heute das berühmte RIAS-Emblem. Im Verlauf der Ersten Berlinkrise 1948/49 wurde der Sender mit seinen amerikanischen Direktoren und deutschen Mitarbeitern zum wahrscheinlich erfolgreichsten westlichen Propagandasender im Kalten Krieg: 24 Stunden täglich Programm, 80 Prozent Zuhöreranteil in ganz Berlin. Er ließ den Berliner Rundfunk, der bis 1952 noch aus dem Haus des Rundfunks an der Masurenallee im Westteil Berlins sendete, um Längen hinter sich.

Der Beginn der Ersten Berlinkrise hing eng mit den Notwendigkeiten des Marshallplans (ERP) zusammen, der am 3. April 1948 gestarteten amerikanischen Aufbauhilfe. Eine Voraussetzung für ihren Erfolg waren klare ökonomische

Verhältnisse, insbesondere eine neue Währung. Die Währungsreform, die in den Westzonen am 20. Juni 1948 begann und in der SBZ drei Tage später folgte, war gleichzeitig der Beginn der sowjetischen Blockade Westberlins. Allerdings hatten die Behinderungen der freien Versorgung Westberlins unter dem Vorwand technischer Störungen bereits am 24. Januar 1948 begonnen. Ende Juni zog Stalin die Schlinge fast vollständig zu: Bahntrassen, Binnenschifffahrt und Straßen wurden unterbrochen, zuletzt wurde auch die Stromversorgung für Westberlin gekappt. Allein die durch interalliierte Verträge gesicherten Luftkorridore waren nicht von der Sperre betroffen. Stalin befürchtete wohl zu Recht, die Blockade des Luftraums werde zum militärischen Konflikt führen. Als Flugplätze nutzten die Sowjets neben Staaken und Johannisthal nun auch Schönefeld, das ab 1955 zum zentralen Flughafen der DDR wurde. Mitten in der Berlinkrise stellte man auch die verbliebenen Reste gemeinsamer Stadtverwaltung endgültig ein.

Die Westmächte waren fest entschlossen, ihre Rechte in der Stadt und damit auch die Existenz von Westberlin zu verteidigen. Am 28. Juni 1948 fiel die offizielle Entscheidung Trumans, die amerikanische Präsenz aufrechtzuerhalten, selbst wenn es dadurch zum Krieg kommen sollte. In einer mit gigantischem Aufwand aufrechterhaltenen Luftbrücke von Westdeutschland zu den Westberliner Flughäfen versorgten die Angloamerikaner die Stadt, bis die Sowjets die Zufahrtswege Mitte 1949 wieder öffneten. Dafür wurden die bestehenden Flughäfen Tempelhof und Gatow im amerikanischen und britischen Sektor für die Landung der «Rosinenbomber» erweitert und im französischen Sektor der Flugplatz Tegel neu gebaut. Ganze Elektrizitätswerke wurden eingeflogen, so das Kraftwerk Reuter. Vornehmlich allerdings bestand die Last aus Kohle (62,8 Prozent) und Lebensmitteln (27,9 Prozent). Von den insgesamt über 1,7 Millionen Tonnen waren nur

knapp 161 Tonnen Industriegüter. Auch Tote waren zu beklagen: Die ersten 15 bereits am 5. April 1948, mitten in der Phase, die man damals als «kleine Blockade» bezeichnete, als ein
sowjetischer Jagdbomber vom Flugplatz Staaken mit einer
britischen Passagiermaschine im Anflug auf Gatow zusam-
menstieß. Insgesamt gingen 38 Flugzeuge verloren, auch, weil
im Häusermeer Berlins zeitweilig nur schlecht navigiert werden konnte. Zur Erinnerung an die vom Westberliner Senat
offiziell anerkannten 78 Toten des *Berlin-Lift* wurde 1951 das
markante, die drei Luftkorridore symbolisierende Luftbrü-
ckendenkmal (die «Hungerharke») am Flughafen Tempelhof
eingeweiht. Am 12. Mai 1949 gaben die Sowjets schließlich
auf. Berlin war wieder auf dem Landweg erreichbar.

Vom finanziellen Standpunkt aus war der maßgeblich vom
US-Militärgouverneur Lucius D. Clay organisierte *Berlin-Lift*
ein grandioses Verlustgeschäft. Politisch-psychologisch war
er jedoch unbezahlbar. Die Westmächte hatten gezeigt, dass
sie tatsächlich bereit waren, für Westberlin einen Krieg, möglicherweise einen Atomkrieg zu riskieren. Spätestens jetzt waren die Fronten für alle klar. Unmittelbar danach richtete man
sich in Westberlin auf kommende Blockaden ein und legte
dafür gigantische Vorratslager an. Erst am Ende des Kalten
Krieges traute sich der Senat, diese «Reserve» an Lebensmitteln, Medikamenten und allen Arten von Betriebsstoffen auf-
zulösen. 1990 gingen die noch vorhandenen 90 000 Tonnen
ironischerweise als Geschenk in die sich auflösende Sowjetunion.

Die Erste Berlinkrise machte die Teilung Berlins für alle
sichtbar. Innerstädtisch blieb die Grenze zwischen beiden
Stadthälften jedoch offen. Gerade dadurch bot sich Berlin
wie kein anderer Ort im globalen Konflikt für Leistungs-
schauen beider Seiten an. Insbesondere die Architektur wurde zum großen Vergleichsobjekt, aber auch die Sozialpolitik
oder der Sport.

Die in Karlshorst und schließlich in der Botschaft Unter den Linden residierende sowjetische Besatzungsmacht stand wie später auch die Regierung der DDR seit 1945 auf dem Standpunkt, ganz Berlin gehöre zur SBZ. Die Westmächte, so lautete ihr Argument, hätten nach Kriegsende lediglich ein zeitweiliges Recht von der Sowjetunion übertragen bekommen. Diese Interpretation ignorierte allerdings, dass bereits im sogenannten Londoner Protokoll am 12. September 1944 vereinbart worden war, das «besondere Berliner Gebiet» gemeinsam zu besetzen und zu verwalten. Die Behauptung bildete allerdings trotzdem den Hintergrund für die früh eingeleiteten Vorbereitungen, Berlin zur Hauptstadt einer deutschen Volksdemokratie zu machen. Ganz Berlin war mit Wirkung vom 9. Juni 1945, noch vor der Ankunft der Westmächte, zum Sitz der SBZ-Verwaltung erklärt und wirtschaftlich einbezogen worden. Ebenso unterstellte man den Eisenbahn- und S-Bahn-Verkehr sowie die Wasserstraßen in Berlin sowjetischer Kontrolle, was dann unter anderem zur Folge hatte, dass auch die S-Bahn in Westberlin zur DDR-Reichsbahn gehörte. Erst am 9. Januar 1984 konnte die BVG aufgrund einer speziellen Vereinbarung den S-Bahn-Verkehr in Westberlin wieder selbst übernehmen.

Konsequent hieß es in den drei Verfassungen der DDR seit 1949: «Die Hauptstadt ist Berlin». In der Praxis übernahm man allerdings nur allmählich die damit verbundenen Rechte von der Sowjetunion. Die Verfassung der DDR galt, wie es die Viermächteabsprache auch hier vorschrieb, zunächst noch nicht im Ostteil, und bei der Gesetzgebung wurde Ostberlin anfangs ebenfalls noch separat behandelt. Dies änderte sich erst in den siebziger Jahren. Auch die sowjetische Seite war zunächst noch vorsichtig. Berlin wurde erst 1958 zum ersten Mal offiziell als Hauptstadt der DDR bezeichnet.

Dass die Sowjets auch danach in wichtigen Fragen das Sagen in Ostberlin hatten, lag natürlich an den Westalliierten, die mit ihren kontinuierlichen Protesten erreichten, dass der sowjetische Botschafter und der Oberbefehlshaber der Gruppe der Sowjetischen Streitkräfte (GSSD) bis zum Ende noch für Ostberlin zuständig blieben. Nichtsdestoweniger übte seit den sechziger Jahren ein NVA-Stadtkommandant entgegen den alliierten Abmachungen die Befehlsgewalt über das «Wachregiment Friedrich Engels», über den Standort- und den Musikzug sowie über das sogenannte Informationszentrum am Brandenburger Tor aus. Auch NVA-Truppenparaden gab es mindestens einmal im Jahr anlässlich des 1. Mai.

Den gewünschten Hauptstadtstatus unterstrich insbesondere, dass die DDR nach und nach alle ihre Ministerien, mit Ausnahme des Verteidigungsministeriums, das in Strausberg untergekommen war, nach Ostberlin verlegte. Trotz der jahrzehntelangen kontinuierlichen Überschreitung alliierter Abmachungen fiel erst sehr spät eine der wichtigsten letzten Sonderregelungen. 1981 hob die DDR-Führung auch die indirekte Wahl der Volkskammer in Ostberlin auf. Seitdem wurden Abgeordnete auch aus Ostberlin direkt gewählt.

Die in den sechziger Jahren beginnende Entspannungspolitik brachte schließlich auch westliche Einrichtungen nach Ostberlin. Als zu Beginn der siebziger Jahre die DDR vom Westen anerkannt wurde, zogen nacheinander diplomatische Vertretungen dorthin. Die Briten eröffneten 1976 und die USA 1977 eine Botschaft *bei* der DDR. Allein die Franzosen hatten sie schon Jahre zuvor aufgebaut. Auch eine westdeutsche «Ständige Vertretung», die allerdings ausdrücklich keine Botschaft sein sollte, gab es bereits 1973.

Eigentlich hatte Ostberlin als halbe Stadt, die problemlos an das Umland angebunden war, keine schlechten Start- und Lebensmöglichkeiten. Auch für Westberliner blieb der Ostteil bis zum August 1961 für Familientreffen, aber auch für Kinobesuche oder Einkäufe, die nicht zuletzt durch den guten Wechselkurs besonders attraktiv waren, interessant. Wechselstuben standen bis unmittelbar zum Mauerbau noch direkt an der teilweise nur durch Nagelreihen auf der Straße gekennzeichneten Sektorengrenze. Nach dem 13. August 1961 kam der Besucherverkehr nur sehr schleppend wieder in Gang.

Wie bedeutsam Ostberlin aber zeitweilig für den Westteil war, lässt sich daran ablesen, dass noch im August 1961 rund 13 000 Westberliner im Ostteil arbeiteten. Darunter befanden sich ungefähr 6000 Reichsbahnmitarbeiter, 3400 angestellte oder freischaffende Künstler, Artisten und Schausteller sowie rund 200 Wissenschaftler. Zur letztgenannten Gruppe zählte bis 1950 auch der später bekannteste Dissident der DDR, der Berliner Robert Havemann, der nach seiner Befreiung aus der Gestapohaft 1945 zunächst die Leitung des renommierten Kaiser-Wilhelm-Instituts in Westberlin übernommen hatte und kurz danach zusätzlich einen Lehrauftrag an der Friedrich-Wilhelms-Universität im Ostteil antrat. Noch mehr Ostberliner arbeiteten bis 1961 allerdings im Westteil: rund 52 000. Einige Tausend schafften es noch in der Woche nach dem Mauerbau, in den Westteil zu entkommen. Am 24. August 1961 wurde mit dem Ostberliner Grenzgänger Günter Litfin aber auch der erste Mensch an der Berliner Mauer bei dem Versuch erschossen, seinen Arbeitsplatz am Westberliner Kurfürstendamm zu erreichen.

Dass die Situation in der halben Hauptstadt der DDR wie im ganzen Land bereits lange vor dem Mauerbau fragil war, zeigte 1953 der alle überraschende Aufstand vom 17. Juni, der sich rasch über Ostberlin hinaus ausdehnte. Vorausgegangen war der Tod Stalins am 5. März 1953. Sein Tod hatte auch in der DDR einerseits eine geradezu verzweifelte Trauer, andererseits überschwängliche Hoffnung auf mehr Freiheit hinterlassen. Im Jahr davor löste vor allem der von der SED verkündete «planmäßige Aufbau des Sozialismus», der nicht zuletzt

17. Juni 1953: Die Ost-Berliner Volkspolizei schießt scharf am Potsdamer Platz. Menschen flüchten in den britischen Sektor.

verdeckte erhebliche Lohnkürzungen und Einschränkungen des privaten Konsums nach sich zog, massive Unzufriedenheit in der DDR aus. Wegen seiner Folgen waren in Ostberlin Streiks für Montag, den 15. Juni 1953, vorbereitet worden. Über das Wochenende heizte sich die Stimmung noch einmal auf. Der eigentliche Aufstand begann ausgerechnet auf der Baustelle der repräsentativen Stalinallee (seit 13.11.1961 Karl-Marx-Allee). Als Arbeiter, die am folgenden Dienstag von hier zum «Haus der Ministerien», dem ehemaligen NS-Luftfahrtministerium in der Leipziger Straße, zogen, um eine Resolution gegen die Erhöhung der Arbeitsnormen zu übergeben, schlossen sich dem Zug bereits Hunderte von Passanten an. Tausende standen schließlich auf der Straße. Nach vergeblichem Warten auf eine Reaktion von der Staats- und Parteispitze verabredeten sie sich für den kommenden Tag, den 17. Juni, zu einer Protestversammlung am Strausberger Platz, am Ende der Stalinallee.

Man weiß heute, dass die Kommunikation der Unzufriedenen vor allem über den Westberliner RIAS lief, der in der Ersten Berlinkrise zum beliebtesten Sender der Stadt aufgestiegen war und nun mit seiner «Politik des kalkulierten Risikos» einerseits versuchte, die gebotenen Chancen zu nutzen, andererseits aber alles tat, um eine Eskalation mit unabsehbaren Folgen zu verhindern. Allein in Ostberlin sollen schließlich rund 100 000 Demonstranten auf der Straße gewesen sein. Gleichzeitig fanden in 560 weiteren Städten und Ortschaften der DDR Kundgebungen statt. In Ostberlin stießen auch Stahlarbeiter aus dem nördlich gelegenen Hennigsdorf hinzu, die quer durch den Westberliner Wedding nach Ostberlin marschierten.

Schnell brannten SED-Einrichtungen. Das von der staatlichen Handelsorganisation genutzte Columbus-Haus am Potsdamer Platz stand als eines der ersten in Flammen. Akten und Uniformen flogen unter dem Jubel der Demonstranten aus den Fenstern. Zu den überwiegend ökonomischen Forderungen kamen nun politische: Demokratie, Freiheit, Einheit Deutschlands. Am 17. Juni um 13 Uhr verhängte der sowjetische Militärkommandant in Ostberlin, Pawel Dibrowa, auf direkten Befehl aus Moskau den Ausnahmezustand. Seitdem wurden Panzer eingesetzt. Wahrscheinlich waren insgesamt bis zu 20 000 sowjetische Soldaten und bis zu 8000 Angehörige der Kasernierten Volkspolizei im Einsatz. Heute geht man davon aus, dass mindestens 55 Menschen während des Aufstands den Tod fanden und weitere zwanzig Todesfälle ungeklärt blieben. In einer ersten Welle wurden etwa 6000 Menschen in der gesamten DDR verhaftet. Es folgten Prozesse gegen angebliche «Agenten und Rädelsführer». Sieben Personen wurden später hingerichtet.

Die Situation blieb seitdem auch in Ostberlin labil. Millionen flohen in den Westen, wobei sie vor allem die noch offene Grenze in Berlin nutzten. Zwar kehrten nach dem 17. Juni Zehntausende wieder zurück, doch der Saldo für die DDR blieb konsequent negativ. Bis 1961 waren rund 3,8 Millionen Menschen in den Westen gegangen und nur 400 000 Übersiedler in die DDR zu verzeichnen gewesen. Der Mauerbau 1961 erfolgte daher in erster Linie wegen dieser millionenfachen Flucht aus der DDR. Der ostdeutsche Regierungschef Walter Ulbricht war zuvor mit seiner über die Jahre immer dringlicher vorgetragenen Forderung, mit einer Mauer das letzte «Schlupfloch» zu schließen, auf taube Ohren gestoßen. Erst die in Moskau im Sommer 1961 akzeptierte Einsicht, dass die DDR tatsächlich zu kollabieren drohte, führte zur Zustimmung der Sowjetunion. Dabei spielte auch das Festhalten der USA an Westberlin in der Zweiten Berlinkrise seit 1958 eine wichtige Rolle.

Die Zweite Berlinkrise hatte am 27. November 1958 mit einer Erklärung der Sowjetunion, dem sogenannten Chruschtschow-Ultimatum, begonnen. In ihr hatte der sowjetische Parteichef Nikita Chruschtschow die Umwandlung Westberlins in eine «Freie Stadt» gefordert, was letztendlich wiederum nur die Einbeziehung in den sowjetischen Machtbereich bedeutet hätte. Im Dezember 1959 lehnten das sowohl die Westalliierten als auch die Bundesrepublik ab. Die Haltung des Westens, unter allen Umständen die westliche Präsenz in Westberlin zu schützen, machten kurz vor dem Mauerbau vor allem die vom neuen amerikanischen Präsidenten John F. Kennedy am 25. Juli 1961 in einer Fernseh- und Rundfunkansprache definierten *Three Essentials* deutlich. Die USA bestanden auf der Freiheitsgarantie für die Bewohner Westberlins, westlicher Truppenpräsenz in der Stadt und auf gesichertem Zugang zur Stadt. Dieser *Status quo* sollte bewahrt werden, selbst wenn dies den Atomkrieg

bedeutet hätte. Man müsse «den Mumm haben, es durchzu-
ziehen», hatte auch Kennedys republikanischer Vorgänger
Dwight D. Eisenhower kurz zuvor unterstrichen. Dass Planungen zu einem demonstrativen Einsatz der Atombombe in
der Zweiten Berlinkrise existierten, hat im Rückblick der da-
malige Bundesminister für Verteidigung, Franz Josef Strauß,
bestätigt. Er habe, teilte er später in seinen Erinnerungen mit,
damals auf Ersuchen der Amerikaner sogar einen Truppen-
übungsplatz in der DDR genannt, über dem zur Warnung ein
nuklearer Sprengsatz explodieren sollte, bevor zum Atom-
schlag gegen die UdSSR übergegangen werden sollte.

Der Mauerbau am 13. August 1961 beendete das trotz
aller Probleme noch aufrechterhaltene Miteinander der
Bevölkerung von Ost- und Westberlin, das Billy Wilders
kurz zuvor dort gedrehter Hollywoodstreifen *Eins, Zwei,
Drei* noch augenzwinkernd festgehalten hatte. Das offizielle
Ende der Zweiten Berlinkrise kam erst 1962 mit der Lösung
der Kubakrise.

Hauptstadt im Wartestand:
Bundesland Westberlin

Auch Bonn bestand auf Berlin. Staatsrechtlich gehörte die
Stadt nach Artikel 23 des Grundgesetzes vom Mai 1949 zu
Westdeutschland. «Berlin ist ein Land der Bundesrepublik
Deutschland» formulierte auch die am 1. Oktober 1950 in
Kraft getretene Verfassung von Berlin. Daher galten in West-
berlin sowohl das Grundgesetz als auch die bundesdeutsche
Gesetzgebung. Sie konnte allerdings auch erst über einen
Umweg in Kraft treten. Das Berliner Abgeordnetenhaus
musste entsprechende Gesetze verabschieden. Anders als in
Ostberlin blieb es hier bis 1990 bei der ursprünglichen alliier-
ten Regelung. Westberliner nahmen nicht an Bundestagswah-
len teil, sondern ihre Bundestagsabgeordneten wurden über

ihr Landesparlament bestimmt und hatten keine gleichberechtigte Stimme im Bundestag.

Dass sich die bundesdeutsche wie die Westberliner Verfassung eigentlich auf ganz Berlin bezogen – das Grundgesetz sprach 1949 ausdrücklich von «Groß-Berlin» – musste natürlich in der Verfassungswirklichkeit ebenso unberücksichtigt bleiben, zumal sich auch die drei Westmächte dieser Auffassung nicht anschließen konnten. Schon im sogenannten Government-Vorbehalt zum Grundgesetz vom 12. Mai 1949 formulierten sie ihren Einspruch, nicht zuletzt, um ihrerseits nicht die juristische Basis zu gefährden, auf der die Sicherheit der westlichen Halbstadt beruhte.

Die Westmächte beschränkten sich ansonsten in der Zeit der Teilung im Wesentlichen auf das, was zur Aufrechterhaltung der Sicherheit und der Versorgung Westberlins notwendig war. Eine wirklich tragfähige Lösung für den Schutz Westberlins nach dem Mauerbau brachten erst 1972 das auch von der UdSSR ratifizierte Viermächteabkommen und seine Folgeverträge. Das Abkommen regelte auf der Basis der *Three Essentials* zum ersten Mal völkerrechtlich verbindlich auch den ungehinderten Zugang nach Westberlin, und die vier Besatzungsmächte versicherten, die Lage nicht einseitig zu verändern. Noch bis 1971 hatte es wiederholt sowjetische Behinderungen auf den Strecken nach Westberlin gegeben.

Westberlin blieb bis zuletzt ein Provisorium und sollte das im Gegensatz zu Ostberlin auch sein. Das zeigte auch der demonstrativ beibehaltene «Behelfsmäßige Personalausweis» seiner Einwohner, der im Ostteil bereits 1953 abgeschafft worden war. Die Provisorien der «Insel Westberlin» sollten eben auch die Teilung sichtbar halten und die Halbstadt gleichzeitig mit nationaler Symbolkraft besetzen. Für die Bundesrepublik blieb Berlin auf diese Weise die «Hauptstadt im Wartestand». Dafür wurde zudem eine Fülle von Außenstellen der Bundesministerien (außer Post- und Verteidigungsministerium) nach Westberlin verlegt, deren Vertreter hier in einem sogenannten Bundeshaus amtierten. Zusätzlich fand sich eine Vielzahl von nachgeordneten Bundesbehörden in Westberlin, wie die Bundesbaudirektion oder der Bundesrechnungshof. Nicht zuletzt amtierte im Schloss Bellevue die Außenstelle des Bundespräsidialamts.

Ein gravierendes Problem blieb der Bevölkerungsschwund. Um die Abwanderung zu verhindern, ließen sich Bundesregierung und Berliner Senat über die Jahre verschiedene Maßnahmen einfallen. Seit 1948 setzte man vor allem auf Subventionen, die über die Jahrzehnte Milliarden in die Stadt brachten und den Lebensstandard dem westdeutschen Niveau anpassten. Dazu gehörten zunächst die in Westdeutschland als Steuer erhobenen Not- und Solidaritätsopfer. Nach dem Mauerbau und insbesondere seit den siebziger Jahren wurden die Subventionen unter anderem mit dem Berlinhilfe- und dem Berlinförderungsgesetz noch einmal massiv erhöht.

Der Geldsegen hatte allerdings nicht nur positive Folgen. 1981 mussten nach diversen Bau- und Korruptionsskandalen, zu denen vor allem die Affäre um den Westberliner Baulöwen Dietrich Garski gehörte, für dessen Kredit der Senat gebürgt hatte, sogar vorgezogene Neuwahlen durchgeführt werden. Der Skandal wurde damals geradezu als Synonym für den sprichwörtlichen «Berliner Filz» der Mauerzeit verstanden. Den Verlust von privatwirtschaftlichen Arbeitsplätzen glich vor allem der Öffentliche Dienst aus. So wurde die Abwanderung von 39 Prozent Industriearbeitsplätzen seit 1970 durch 32 Prozent mehr Beschäftigte im Öffentlichen Dienst ausgeglichen. Dessen Anteil stieg in den achtziger Jahren noch einmal signifikant an. Kurz vor der deutschen Vereinigung, gab es im Juni 1990 in Westberlin mit seinen 2,16 Millionen Einwohnern rund 260 000 öffentlich Bedienstete. Das waren sogar mehr als in Ostberlin (1990: 196 000).

An der Tatsache, dass Westberlin bedroht war, gab es zumindest bis zu den Berlinabkommen Anfang der siebziger Jahre keinen Zweifel. Trotz der NATO-Mitgliedschaft der Bundesrepublik seit 1955 und trotz der etwa 12 000 westalliierten Soldaten in der Stadt war Westberlin kein Territorium der Nordatlantischen Gemeinschaft. Westdeutsches Militär und den Bundesgrenzschutz gab es hier nicht. Dafür war die Polizei, insbesondere die 1952 gegründete Bereitschaftspolizei, weitaus umfassender und militärischer ausgerüstet als in Westdeutschland. Nur in Westberlin gab es darüber hinaus die sogenannte Freiwillige Polizeireserve (FPR), die kurz vor dem Mauerbau durch westalliierte Order und Berliner Gesetz vom 25. Mai 1961 aufgestellt und bis 1999 trotz einiger Skandale fortgeführt worden war. Sie sollte bei Unruhen eingesetzt werden.

Westberlin war aber nicht nur die Präsentation des Westens für den Osten, sondern blieb auch «der vorgeschobene Beobachtungsposten nach der Sowjetzone», wie es 1953 in einer öffentlichen Debatte im Bundestag hieß. So sahen es auch die Westalliierten, eine Fülle von antikommunistischen Organisationen und nicht zuletzt natürlich die DDR. Zu einer größeren gemeinsamen Operation von Westalliierten, antikommunistischen Gruppen und Westberliner Senat wurde 1953 eine von Ostberlin heftig bekämpfte Lebensmittelhilfe nach dem Aufstand in der DDR. Damals holten Tausende von Ostdeutschen trotz eindeutiger Drohungen der SED ihre Pakete aus Westberlin ab und zeigten damit ihren Widerstand gegen die DDR.

Die US-Einrichtungen in Westberlin befanden sich vorwiegend in Zehlendorf, wo in Dahlem zunächst auch die CIA mit ihrer Berlin Operation Base (BOB) unterkam, darüber hinaus am Flughafen Tempelhof und nicht zuletzt natürlich auf dem Teufelsberg, der weithin sichtbaren Abhörstation der National Security Agency (NSA), wo auch die Briten mithorchten. Die britischen Einrichtungen waren überwiegend in Spandau, Charlottenburg und Wilmersdorf untergebracht. Die französischen Institutionen residierten zum größten Teil rund um das sogenannte Quartier Napoléon in Tegel, östlich des heutigen Flughafens. Wenig bekannt war, dass auch die Sowjets über die gesamte Dauer der Teilung Einrichtungen in Westberlin unterhielten. Dazu gehörte das im Zuge des Viermächteabkommens 1971/72 eingerichtete Generalkonsulat in Dahlem und das noch 1945 entstandene Ehrenmal im Tiergarten, das allerdings die Briten bewachten.

Gerade in der Nähe der angloamerikanischen Einrichtungen in Westberlin sammelte sich bereits in den ausgehenden 1940er Jahren eine Vielzahl von deutschen und ausländischen antikommunistischen Organisationen. Einige erhielten sowohl von den Westalliierten als auch von der Bundesrepublik und dem Westberliner Senat finanzielle und organisatorische Hilfe. Zu den deutschen Organisationen zählten unter anderem der «Untersuchungsausschuss Freiheitlicher Juristen» (UFJ), die sogenannten Ostbüros der westdeutschen Parteien oder auch die «Kampfgruppe gegen Unmenschlichkeit» (KgU). Zu den ausländischen gehörte unter anderem der NTS (Narodno Trudowoi Sojus). Dieser bei den Sowjets und der DDR-Führung besonders verhasste «Völkische Arbeitsbund» mit einer bis in die Vorkriegszeit reichenden Geschichte organisierte unter anderem Flugblattoperationen bis weit in die UdSSR, Radiopropaganda, aber auch Aufrufe an Rotarmisten in der DDR. Wie eng diese Gruppen mit der Westberliner Politik verbunden waren, zeigte 1951 der mit der KgU, dem NTS und dem Senat gemeinsam gegründete «Freibund für Deutsch-Russische Freundschaft», an dessen Gründungsveranstaltung in Berlin sogar der Regierende Bürgermeister Ernst Reuter teilnahm.

Die Führungen in Moskau und Ostberlin, die sich selbst durch Treffen von Vertriebenenorganisationen in Westberlin bedroht fühlten, hielten solche Gruppen für so gefährlich, dass sie insbesondere in den fünfziger Jahren immer wieder wichtige Persönlichkeiten solcher Organisationen entführen ließen. Aufsehen erregende Fälle waren im Juli 1952 die Verschleppung des UFJ-Funktionärs Walter Linse, den man vor seiner Wohnung in Berlin-Lichterfelde zusammenschlug und anderthalb Jahre später in Moskau hinrichtete, und zwei Jahre später die Verschleppung des NTS-Funktionärs Alexander Truschnowitsch in Wilmersdorf, der dies ebenfalls nicht überlebte.

Insbesondere die DDR-Staatsicherheit versuchte systematisch, Westberliner Institutionen zu unterwandern. Wie man heute weiß, gelang dies etwa bei der Westberliner Polizei, wo Stasimitarbeiter dienstliche Informationen direkt nach Ostberlin weitergaben. Der Westberliner Polizist und erst 2009 als Inoffizieller Mitarbeiter der Ostberliner Staatssicherheit enttarnte Karl-Heinz Kurras («IM Otto Bohl») gelangte am 2. Juni 1967 zu einiger Berühmtheit, als er den unbewaffneten Studenten Benno Ohnesorg während einer Demonstration erschoss.

Die westlichen Dienste in Westberlin handelten allerdings unter den Bedingungen des Kalten Krieges häufig kaum zimperlicher. Einer der bekanntesten Coups der Amerikaner wurde 1955/56 der Bau eines Tunnels an der Grenze zum sowjetischen Sektor in Neukölln («Operation Gold»). Elf Monate lang hörten CIA-Mitarbeiter den Telefonverkehr ab, allerdings nicht ahnend, dass ihr Projekt längst durch den erst 1959 enttarnten Doppelagenten George Blake an die östlichen Dienste verraten worden war. Diese öffneten schließlich unter großem Propagandaeinsatz die Abhörstation. Ansonsten waren es vor allem die Militärmissionen, die in beiden Teilen Berlins Spionage betrieben.

Westberlin blieb bis zum Ende des Kalten Krieges ein Tummelplatz der Geheimdienste. Dies wurde der Öffentlichkeit nicht zuletzt durch die spektakulären Austauschaktionen zwischen 1962 und 1986 auf der Glienicker Brücke deutlich, der für den regulären Besucherverkehr gesperrten Verbindung zwischen dem Westberliner Bezirk Zehlendorf und dem in der DDR liegenden Potsdam. Bereits im Februar 1962 tauschte man hier den mit seinem Spionageflugzeug über der UdSSR abgeschossenen US-Bürger Francis Powers gegen den sowjetischen Spion Rudolf Abel aus, im Juni 1985 nochmals 23 politische Gefangene aus der DDR gegen vier in den USA gefasste Ostagenten und im Februar des folgenden Jahres den sowjetischen Bürgerrechtler Anatoli Schtscharanski, den die UdSSR mit vier Westagenten im Tausch gegen vier Ostagenten freiließ.

Der Umbau der Stadt

Der Wiederaufbau wurde in den beiden politisch verfeindeten Stadthälften Berlins vor allem nach den ideologischen Vorlieben und damit höchst unterschiedlich vorangetrieben. Der Kalte Krieg und die immer weiter perfektionierte Teilung der Stadt ließen eine einzigartige doppelte Stadtlandschaft entstehen.

Die Sowjets beriefen am 19. Mai 1945 zunächst den parteilosen Architekten Hans Scharoun zum Baustadtrat. Er hatte bereits in den zwanziger Jahren für die Erweiterung der Siemensstadt verantwortlich gezeichnet. Nach Querelen mit den Sowjets nahm er 1946 eine Professur an der im Westen liegenden Technischen Universität an. Sein Nachfolger Karl Bonatz hielt es als Sozialdemokrat ebenfalls nur kurze Zeit aus und wurde 1949 lieber Stadtbaudirektor in Westberlin. In ihren städtebaulichen Vorstellungen waren sich beide weitgehend einig. Der im Sommer 1946 im Weißen Saal des Berliner Schlosses präsentierte erste «Kollektivplan» sah vor allem die Trennung von Funktionen wie Wohnen und Arbeiten vor.

1950 wurde zum Entscheidungsjahr für den Wiederaufbau. Nach der Ersten Berlinkrise und der Gründung der beiden deutschen Staaten wurden alle gemeinsamen Bauplanungen auf Eis gelegt. Keiner der Kollektivpläne konnte unter den Bedingungen des Kalten Krieges verwirklicht werden. Im Ostteil dominierten zunächst Stalins städtebauliche Vorstellungen von repräsentativen Magistralen, im Westteil vor allem amerikanische Ideen, die von zurückgekehrten Bauhaus-Schülern beeinflusst waren.

Die wichtigsten repräsentativen Bauten in Ostberlin entstanden seit 1952 im neoklassizistischen «Zuckerbäckerstil» zunächst an der Stalinallee (seit 1961: Karl-Marx-Allee). Die «sozialistische Umgestaltung der Hauptstadt der DDR» sorgte nach den Planungen Hermann Henselmanns für großzügige «Arbeiterwohnungen». Sie waren allerdings nur «verdienten Parteigenossen» zugänglich. Die im gleichen Stil geplanten abschließenden Turmbauten am Strausberger Platz errichtete man noch bis 1960. Schon bei der Fertigstellung galten sie allerdings auch im Osten als Anachronismus. Die ab 1961 vollendeten Bauten, so das ebenfalls von Henselmann konzipierte «Haus des Lehrers» am Alexanderplatz (Fertigstellung 1964), waren dagegen bereits moderne Stahlskelettkonstruktionen.

Gar nicht mehr begonnen wurden die vielen im Stalinistischen Stil geplanten Staats- und Parteibauten der SED, für die 1950 die erhaltenen Teile des Berliner Schlosses gesprengt wurden. Das von Kunstkritikern auch der DDR als einer der bedeutendsten Profanbauten des Barocks gefeierte Gebäude fiel wohl vor allem auch der Abneigung Ulbrichts gegenüber Preußen zum Opfer. Die Sprengungen, die sich über drei Monate hinzogen und damals von vielen Berlinern beobachtet wurden, blieben hoch umstritten, zumal die Fläche mehr als zwanzig Jahre leer stand. Dort sollte ursprünglich ein «Zentrales Hochhaus» errichtet werden, was man zunächst aus

Kosten-, dann auch aus politischen und architektonischen Gründen unterließ. An seiner Stelle entstand erst 1976, fünf Jahre nach dem Ende der Ära Ulbricht, der als Stahlskelettbau konstruierte «Palast der Republik», der wiederum die Vereinigung der beiden deutschen Staaten 1990 nicht lange überlebte, um ironischerweise wieder einem Nachbau des Berliner Schlosses Platz zu machen. An den Rand des ehemaligen Schlossplatzes baute man bis 1964 das als Prototyp einer neuen «Ostmoderne» geltende Staatsratsgebäude. Sein besonderer Glanzpunkt war die Integration des nachgebildeten Portals IV aus dem ehemaligen Stadtschloss der Hohenzollern, von dessen Balkon aus Karl Liebknecht 1918 die sozialistische Republik ausgerufen hatte. Ostwärts, jenseits der Spree, entstand in den achtziger Jahren das sogenannte Marx-Engels-Forum, für das auch die letzten Reste der Wohnbebauung des alten Marienviertels weichen mussten.

Als preiswerte Lösung für Staats-, Partei- und Wohnbauten kam in Ostberlin seit dem Wechsel von Ulbricht zu Honecker im Jahr 1970 der Plattenbau in Mode. Bekannt war der Bau mit sogenannten Großtafeln in Berlin bereits seit den zwanziger Jahren, als im Bezirk Lichtenberg ab 1926 die sogenannte Kriegsheimstättensiedlung (heute: Splanemann-Siedlung) nach Entwürfen des damaligen Stadtbaurats Martin Wagner errichtet wurde. Aber auch in Ostberlin waren bereits 1953 Plattenbauten entstanden, unter anderem um Lücken in der kostspieligen Stalinallee zu schließen. In den achtziger Jahren entstanden im Vorfeld der 750-Jahr-Feier Berlins selbst historisierende Bauten an der Friedrichstraße, am Gendarmenmarkt und vor allem im Nikolaiviertel in Plattenbauweise.

Wie im Osten wurden auch im Westteil Berlins seit den fünfziger Jahren bewusst Bauten nahe der Sektorengrenze errichtet. Wie dringend man im Westen einen architektonisch-politischen Gegenentwurf zur Präsentation des kommunistischen Staates im Ostteil benötigte, wurde sichtbar, als 1954 sogar ein kleines, durch Grünflächen aufgelockertes «entmischtes» Hochhausensemble, die Ernst-Reuter-Siedlung im Stadtteil Wedding, zu einem politischen Symbol des Westens aufgewertet wurde. Zur Einweihung der Sozialwohnungen in der Nähe der Sektorengrenze reiste sogar Bundespräsident Theodor Heuß an. Weitere Wohnbauten an der Grenze zum Osten folgten. Unter anderem wurden ab 1956 die Otto-Suhr-Siedlung und die Siedlung Waldeckpark in Kreuzberg direkt am Grenzstreifen errichtet. Hier sollte nach den Worten des damaligen Regierenden Bürgermeisters Otto Suhr gegenüber der Fassadenkultur des Ostsektors der westliche Lebensstil zum Ausdruck gebracht werden. So lautete auch die Leitidee des 1954 gestarteten großen Städtebauwettbewerbs in Westberlin, der den zentralen Gegenentwurf zur Stalinallee entwickeln sollte. Wie stark gerade dieser Wettbewerb vom globalen Systemkonflikt geprägt war, ließ sich nicht zuletzt daran erkennen, dass 1954 zwar Gewinner ermittelt wurden, der prämierte Entwurf aber nicht zur Ausführung kam, weil die Architekten zu unbekannt waren. Stattdessen entschied man sich, zur Erhöhung der Wirkung auf international bekannte Namen zu setzen.

Die Bauten, die 1957/58 unter anderem im Hansaviertel im Bezirk Tiergarten entstanden und für die man die dort noch erhaltenen Altbauten rücksichtslos abräumte, stammten von den Stars der Nachkriegsmoderne, unter anderem von Walter Gropius und Alvar Aalto. Die zum Teil nahe der Grenze platzierten Hochhäuser setzten gerade nicht auf die symmetrisch geordnete, «totalitäre», wie es damals hieß, Blockbebauung wie an der Stalinallee, sondern in bewusster Abgrenzung dazu auf unregelmäßig angeordnete, freistehende, «demokratische» Bauten. Damals entstand auch die Kongresshalle im Tiergarten. Eine ähnlich «amerikanische» Bebauung erhielt zwischen 1956 und 1974 auch der Ernst-Reuter-Platz in Charlottenburg. Besonders markant wurde hier das achtzig Meter hohe «Telefunkenhochhaus» (Paul Schwebes/Hans Schosz-berger, 1960).

In der Nachkriegsmoderne, in der auch im Westen rasch das preiswerte Bauen wichtig wurde, waren allerdings beide Teile Berlins architektonisch manchmal gar nicht mehr weit voneinander entfernt. Auch das Westberliner Hansaviertel wurde in Plattenbauweise errichtet, und als in den sechziger und siebziger Jahren die später berüchtigten Westberliner Großsiedlungen Gropiusstadt und Märkisches Viertel folgten, sahen sie kaum anders aus als die bis in die achtziger Jahre gebauten genormten «Arbeiterschließfächer» in den Ostberliner Stadtteilen Marzahn und Hohenschönhausen.

Auch andere Funktionsbauten näherten sich mehr und mehr einander an. Der Fernmeldeturm Schäferberg im Westberliner Stadtteil Wannsee aus dem Jahr 1964, den man auf der Transitroute von Westdeutschland kommend als eine Art Wahrzeichen Westberlins als erstes sehen konnte, und der 1969 fertig gestellte Ostberliner Fernsehturm am Alexanderplatz waren sich ebenfalls sehr ähnlich. Nicht zuletzt entstand im Kalten Krieg in beiden Stadthälften eine besondere Art der gemeinsamen Architektur. Mit Zivilschutzbauten bereiteten sich beide Seiten seit den sechziger Jahren auf den möglichen Nuklearkrieg vor. Atombunker entstanden in Westberlin unter anderem unter dem bis 1974 errichteten sogenannten Kudammkarree oder in den achtziger Jahren unter der Stresemannstraße. In Ostberlin wurde einer der größten Zivilschutzbunker für den Dritten Weltkrieg unter dem Alexanderplatz angelegt. Nicht überall jedoch ließ sich die Stadt sauber in zwei Teile trennen, auch wenn die DDR-Führung alles dafür tat. Nach dem Mauerbau durchquerte die Westberliner U-Bahn zugemauerte Geisterbahnhöfe im Osten, die bei der Öffnung 1990 noch so aussahen wie im August 1961 – sogar die Werbung hing noch dort.

7. Die Mauerstadt
1961–1989

Mauerbau und Entspannungspolitik

Am frühen Morgen des 13. August 1961 errichteten Ostberliner Arbeiter an der Grenze zu Westberlin aus Material für den Hausbau, Gehwegplatten und Stacheldraht eine provisorische Mauer. Sie war insgesamt 156,4 Kilometer lang und schloss ganz Westberlin sowie einige westliche Exklaven auf DDR-Gebiet ein. Die Absperrungen wurden unter massiver Bewachung durch Tausende von Soldaten und Angehörige der sogenannten Betriebskampfgruppen hochgezogen. Sie zerschnitten Wohn- und Industriegebiete, Gewässer, Straßen und Bahnlinien sowie die gesamte unterirdische Infrastruktur. Bis 1989 wurde die Mauer kontinuierlich weiter zu einem fast unüberwindlichen Grenzstreifen ausgebaut. Dazu gehörten die eigentliche Grenzmauer, ein Sperrgraben, Panzersperren, Dornenmatten, Kolonnenwege, Beobachtungstürme und Bunker, Grenz- und Alarmzäune, eine sogenannte Hinterlandmauer sowie Beleuchtungs- und Fernmeldeeinrichtungen, Minen und zeitweilig auch die berüchtigten Selbstschussanlagen. Der «Antifaschistische Schutzwall», wie die Mauer im SED-Jargon offiziell hieß, obwohl die Stacheldrahtbewehrung für jeden sichtbar nach Osten gerichtet war, staffelte sich bis zu 100 Meter tief. Ganze Straßenzüge mussten der Anlage weichen. Mindestens alle 320 Meter stand ein bewaffneter Grenzposten, bei Nacht und bei Alarm sogar alle 150 bis 260 Meter. Zum sogenannten Grenzschutzkommando Mitte gehörten auch rund 1000 Hunde. Bereits im August

1961 ließ man zudem keinen Zweifel daran, dass die Grenztruppen der DDR die Erlaubnis, ja die Pflicht hatten, «von der Schusswaffe rücksichtslos Gebrauch» zu machen. Das bekräftigte 1970 auch der neue SED-Generalsekretär Erich Honecker kurz nach seinem Amtsantritt. Erst am 3. April 1989 ordnete er an, die Schusswaffe einstweilen nicht mehr einzusetzen, weil dies die internationale Reputation der DDR gefährde. Gleichwohl bestritten die Machthaber nach dem Ende der DDR, dass es jemals einen Schießbefehl gegeben hätte.

Zusammen mit Fahrzeugen und sonstigen Einrichtungen kostete die Mauer den finanziell notorisch klammen SED-Staat allein bis zum Ende der Ära Ulbricht etwa 100 Millionen DDR-Mark. Dazu kamen Personalkosten für Tausende von Grenzsoldaten (November 1989: 11 500), die sich 1970 bereits auf rund 600 Millionen Mark beliefen, um in den 1980er Jahren auf über eine Milliarde zu steigen.

Vor allem in den ersten Tagen nach dem 13. August gab es spontane Fluchtversuche. Zwei Tage nach dem Mauerbau gelang Conrad Schumann als erstem von über 2500 Grenzsoldaten die Flucht über den noch niedrigen Stacheldrahtverhau an der Bernauer Straße. Das vom Westen aus aufgenommene Photo Schumanns in voller Uniform wurde zu einem Symbol des Kalten Krieges. Insgesamt gelang es zwischen dem Bau 1961 und der Öffnung der Mauer 1989 5075 Menschen, die Grenzanlagen in der Stadt Richtung Westen zu überwinden. Weitere knapp 35 000 schafften es an anderen Stellen der Ringmauer um Westberlin. Manche gruben Tunnel, einige durchschwammen die Grenzgewässer wie die Spree oder den Teltowkanal, viele quälten sich vor allem in den ersten Jahren noch durch die Kanalisation, einige versuchten, direkt über die Mauer zu steigen und andere wiederum konnten mit Hilfe von Fluchthelfern entkommen. Besonders spektakulär waren einige gewaltsame Grenzdurchbruchsversuche mit gepanzerten Fahrzeugen.

An der Berliner Mauer im Bezirk Kreuzberg, November 1961

Bereits kurz nach dem Mauerbau gab es die ersten Toten. Die erste im Zusammenhang mit dem Mauerbau tödlich Verunglückte war die 58-jährige Ida Siekmann, die sich am 22. August beim Sprung aus dem dritten Stock eines an der Bernauer Straße gelegenen Hauses tödliche Verletzungen zuzog. Das letzte Opfer der Berliner Mauer war Winfried Freudenberg, der am 8. März 1989 – bereits im Westen, in Zehlendorf – mit seinem selbstkonstruierten Heißluftballon abstürzte. Nur etwa einen Monat zuvor hatten die Ostberliner Grenzer zum letzten Mal einen Menschen an der Mauer erschossen, den 20-jährigen Chris Gueffroy, der mit einem Freund von Treptow nach Neukölln entkommen wollte.

Während viele Fluchten der Öffentlichkeit weitgehend verborgen blieben, starb der 18-jährige Peter Fechter am 17. August 1962 qualvoll vor den Augen auch westlicher Journalisten. Fechter war bei dem Versuch, die Mauer zu übersteigen, angeschossen worden und verblutete langsam im Grenzstreifen, ohne dass ihm jemand aus Ost oder West zu Hilfe kam. Nach neuesten Untersuchungen starben an der Berliner Mauer 98 Menschen bei dem Versuch, die Grenzanlagen zu überwinden, 30 wurden ohne Fluchtabsichten im Grenzbereich getötet. Darüber hinaus verloren acht DDR-Grenzer ihr Leben während ihres Dienstes an der Mauer, und mindestens 251 Reisende starben während oder nach dem Passieren von DDR-Grenzübergängen in Berlin.

Die unmittelbare Reaktion der Westmächte auf den Mauerbau 1961 blieb für die Westberliner und die Westdeutschen enttäuschend. Da keine westalliierten Rechte in der Stadt betroffen waren und Kennedy bereits beim Wiener Treffen mit Chruschtschow Anfang Juni hatte durchblicken lassen, dass sich die USA nicht in Entscheidungen einmischen würden, die im sowjetischen Machtbereich stattfänden, tat der Westen «nichts», wie es in einer Schlagzeile des in Westberlin erscheinenden Boulevardblatts *Bild* am 16. August hieß. Weitgehend unbemerkt von der Öffentlichkeit war der geostrategische Fokus des Kalten Krieges von Europa in die Dritte Welt gewandert. Hier eröffnete sich mit der Dekolonisierung ein neues Schlachtfeld des globalen Konflikts. Während wegen der militärischen Risiken der europäische Schauplatz des Kalten Krieges einstweilen auf Eis gelegt wurde, fand die direkte militärische Auseinandersetzung nun in den Entwicklungsländern statt. Der Vietnamkrieg wurde zum ersten dieser sogenannten Kleinen Kriege an der Peripherie des großen Kalten Krieges.

Zunächst aber schien es auch in Berlin noch einmal gefährlich zu werden. Die Zweite Berlinkrise war mit dem Mauerbau zwar weitgehend entschärft. Trotzdem gab es nach dem 13. August weitere Zwischenfälle: Am 27. Oktober 1961 rollten sowjetische und amerikanische Panzer von beiden Seiten auf den Grenzübergang «Checkpoint Charlie» mitten auf der Berliner Friedrichstraße zu und standen sich stundenlang mit aufeinander gerichteten Kanonen gegenüber. Der Anlass schien geringfügig. Wenige Tage zuvor hatten DDR-Grenzer dem Gesandten der US-Mission in Westberlin, Allan Lightner, die Einreise in den Ostteil verwehrt, weil dieser auf seinem Recht bestand, als offizieller US-Vertreter ohne Ausweiskontrolle zu passieren. Die Eskalation dieses Streits zeigte wieder einmal die prinzipielle Bedeutung Berlins im Kalten Krieg.

Auch 1962 gab es noch wiederholt Behinderungen, unter anderem auch Eingriffe der Sowjets in den Luftverkehr. Im Juli 1962 setzten die USA, wie in der Ersten Berlinkrise 1948/49, sogar wieder Jagdflugzeuge zur Begleitung von Passagiermaschinen ein. Während der Kubakrise im Oktober 1962 horteten viele Westberliner Lebensmittel in ihren Kellern. Erst mit dem Ende der Kubakrise war auch die Zweite Berlinkrise überwunden. Nach der Enttäuschung darüber, dass die Alliierten nicht gegen den Mauerbau vorgegangen waren, versöhnte es viele, dass US-Präsident John F. Kennedy in seiner umjubelten Rede am 26. Juni 1963 vor dem Rathaus Schöneberg verkündete: «Ich bin ein Berliner» und damit versicherte, dass Westberlin weiterhin gehalten werde. Doch erst mit dem Berlinabkommen im Rahmen der «Neuen Ostpolitik» entspannte sich zu Beginn der siebziger Jahre die Lage wirklich.

Bei aller Enttäuschung über die Westalliierten eröffnete die einstweilige Stilllegung des europäischen Schauplatzes im Kalten Krieg für Berlin ganz neue Chancen. Nach US-Auffassung, die 1963 auch Teil von Kennedys *Strategy of Peace* wurde, blieb für das geteilte Deutschland nur der Weg über Verhandlungen, um zu einer Annäherung und möglicherweise zu einer Wiedervereinigung zu kommen. Die Mauerkrise wurde so zu einem Impuls für die Entspannungspolitik, die unter der Ägide Willy Brandts Anfang der siebziger Jahre unter anderem zum Grundlagenvertrag mit der DDR und dem für Berlin ebenso wichtigen Transitabkommen führte. Mit der amerikanischen Entscheidung, den Status quo in Europa zu bewahren, ergab sich für die Deutschlandpolitik der Bundesrepublik in den ersten Jahren nach dem Mauerbau aber auch eine verquere Situation. Während Westberlin unter dem vom Regierenden Bürgermeister Willy Brandt gelenkten sozialliberalen Senat schrittweise Verhandlungen mit Ostberlin aufnahm, hielt die von den Christdemokraten geführte Bundespolitik weiterhin an der Hallstein-Doktrin fest, nach der die DDR eigentlich nicht existierte. Adenauers Formel, nach der die Entspannung der Wiedervereinigung folgen solle, setzte der in Westberlin ab Februar 1963 amtierende, von den Amerikanern ausdrücklich unterstützte Westberliner Senat nun eine aktive Verständigungspolitik mit der DDR entgegen.

Nach dem Mauerbau wurde Ostberlin ab 1963 mit dem Abschluss des Passierscheinabkommens zunächst wieder für die Westberliner, dann mit dem Inkrafttreten der weiteren Viermächteabkommen 1972/73 auch für Bürger der Bundesrepublik und schließlich auch für Touristen aus anderen Staaten zugänglich. Der kurz nach dem Mauerbau geöffnete, bis in den letzten Winkel überwachte Grenzübergang an der Friedrichstraße in der Mitte Ostberlins, der aus dem Westen nur mit der S-Bahn erreicht werden konnte, wurde nun zum stark frequentierten Durchgang in den Osten, aber auch zum tragischen «Tränenpalast», in dem sich die Besucher Ostberlins wieder verabschieden mussten. Nach und nach öffneten andere Übergänge, schließlich auch für den Kraftfahrzeugverkehr. Für Westberliner lagen sie an der Chausseestraße, der Heinrich-Heine-Straße und der Invalidenstraße, an der Sonnenallee, der Oberbaumbrücke und an der 1989 berühmt gewordenen Bösebrücke an der Bornholmer Straße, deren

Grenzübergang am 9. November als erster geöffnet wurde. Für ausreisewillige DDR-Bürger wurde seit 1973 zudem die vom Ministerium für Staatssicherheit akribisch bewachte Ständige Vertretung der Bundesrepublik in der Ostberliner Hannoverschen Straße zu einem der wichtigsten Anlaufpunkte.

Die Alliierten in Berlin

Mit dem Mauerbau 1961 war auch entschieden, dass die Teilung Berlins und damit die alliierte Präsenz in der Stadt auf unabsehbare Zeit fortdauern würden. In Westberlin verstanden viele «ihre» Alliierten seit der glücklich überstandenen ersten Blockade 1948/49 als Freunde, mit denen man ungezwungen gemeinsame Feste feierte. In Ostberlin dagegen war das Verhältnis der Bevölkerung zu den offiziell «die Freunde» genannten Sowjets von Beginn an und bis zum Abzug 1994 vorwiegend distanziert bis ablehnend. Zum letzten Beleg für die unterschiedlichen Sympathien wurde der Abzug der alliierten Truppen aus Berlin. Während den drei Westalliierten auf Wunsch der Bundesregierung ein großer Abschied in der Mitte der Hauptstadt bereitet wurde, erhielten die Sowjets im abgelegenen Bezirk Berlin-Treptow ein separates und eher kühles Lebewohl.

Die Sowjets und die DDR-Regierung unterließen es vor allem bis zum Abschluss des Grundlagenvertrags und der speziell Berlin betreffenden Verträge 1971/72 (Viermächte-, Transit-, Verkehrs- sowie Handelsabkommen) nicht, mit einzelnen bürokratischen Nadelstichen wie der Aussetzung des Passierscheinabkommens oder mit militärischen Machtdemonstrationen wie Tiefflügen über Westberlin die Gefährdung der Halbstadt zu demonstrieren. Die Notwendigkeit westalliierter Anwesenheit für die Eigenständigkeit Westberlins war so offensichtlich. Erst nach dem Ende des Kalten Krieges zeigten die nun publizierten Planungen («Operation

Stoß» bzw. «Berlin») des Ostens, wie detailliert eine mögliche Eroberung Westberlins vorbereitet war. Im kleinen Rahmen konnte man die Notwendigkeit des Schutzes aber auch in der einzigen bewohnten Westberliner Exklave auf DDR-Gebiet, Steinstücken, beobachten. Am 18. Oktober 1951 wurde sie von der DDR besetzt, auf Intervention der Westmächte vier Tage später wieder geräumt und danach mit Grenzbefestigungen abgeriegelt. Seitdem war sie nur noch über einen schmalen Weg erreichbar. Nach dem Mauerbau sicherten US-Soldaten die Selbstständigkeit der eingeschlossenen rund 200 Einwohner. Erst 1972 wurde über einen Gebietsaustausch eine dauerhafte Verbindung zum übrigen Westberliner Stadtgebiet geschaffen.

Die Alliierten in beiden Stadthälften schufen sich im Laufe der Jahrzehnte ihre eigenen Welten. Die Angehörigen der westalliierten Streitkräfte entrichteten keine Steuern, betrieben eigene zollfreie Kaufhäuser, Schulen, Kindergärten, Postämter sowie Rundfunk- und Fernsehsender in ihren Besatzungszonen. Bei Unfällen kam die eigene Militärpolizei. Schäden wurden mit dem Westberliner Landesamt für Besatzungskosten abgerechnet und vom Bund beglichen. Für die Bundesrepublik betrugen die Stationierungskosten schon 1951 6,6 Mrd. DM. Erst 1988, kurz vor dem Fall der Mauer, richtete man schließlich auch eine öffentliche Beschwerdestelle ein. Ein weiteres Sonderrecht, das sich als Relikt aus der Anfangszeit der Besatzung hielt, war in Westberlin die bis zum Ende der Teilung berüchtigte Verordnung Nr. 511 von 1951, die in Berlin die Hinrichtung für Handlungen gegen Alliierte vorsah, wozu auch der Waffenbesitz gehörte. Die Todesstrafe wurde allerdings niemals vollstreckt. Erst ab 1984 wurden die westalliierten Sonderrechte in Westberlin allmählich aufgehoben.

Ostberlin hatte es schlechter. Eine ostdeutsche Mitsprache in sowjetischen Besatzungsangelegenheiten blieb weitgehend ausgeschlossen. Das machte bereits das am 12. März 1957 geschlossene, in konkreten Fragen ausdrücklich vage gehaltene Stationierungsabkommen deutlich. Besatzungskosten fielen ebenfalls in Milliardenhöhe an und überschritten kontinuierlich die Möglichkeiten der DDR. Die sowjetischen Truppen bildeten in noch stärkerem Maße eine exterritoriale Parallelgesellschaft, die fremd blieb. Ihre Streitkräfte wurden in Ostberlin ohnehin kaum sichtbar, abgesehen von einigen Einrichtungen in Karlshorst, wo eine Schützenbrigade untergebracht war, und vom Ehrenmal in Treptow. Treptow stand mindestens drei Mal im Jahr im Mittelpunkt des öffentlichen Interesses. Am Tag der Sowjetarmee am 23. Februar, zum Jahrestag des Sieges über Deutschland am 8. Mai und zum Gedenken an die Oktoberrevolution am 7. November fanden Truppenparaden statt. Hinzu kamen Aufmärsche anlässlich von Staatsbesuchen. Der überwiegende Teil der knapp 500 000 Rotarmisten blieb ansonsten aber außerhalb der Stadt.

Auch die Gesetzesverstöße sowjetischer Truppen wurden von der eigenen Militärpolizei und Justiz verfolgt. Für «die Russen», insbesondere die Mannschaften, galt aber – anders als bei den Westalliierten – ein Kontaktverbot. Um Annäherungen an die Ostberliner Bevölkerung vorzubeugen, setzten die misstrauischen Führungen in Moskau und Ostberlin auf einen ständigen Austausch der Soldaten, so dass während der fast fünfzig Jahre dauernden Besatzungszeit annähernd zehn Millionen Sowjetbürger in der DDR und in Ostberlin eingesetzt waren, ohne wirkliche Kontakte zu den Deutschen aufnehmen zu können. Die meisten DDR-Bürger hielten sich ihrerseits trotz gegenteiliger Propaganda und gemeinsamer Organisationen, wie den Gesellschaften zum Studium der Kultur der Sowjetunion oder für Deutsch-Sowjetische Freundschaft, von «den Russen» fern.

Die Westalliierten gingen grundsätzlich offener mit «ihren» Deutschen um. Ernstgemeinte Freundschaftsgesten wie

Demonstration gegen den Vietnamkrieg auf dem Kurfürstendamm,
21. Oktober 1967

die Installation der von 16 Millionen Amerikanern finanzierten «Freiheitsglocke» 1950 im Schöneberger Rathaus, die
großzügige Spende der US-Regierung für den Aufbau der
Amerika-Gedenkbibliothek 1954 oder die Finanzierung der
Freien Universität in Dahlem hoben das Ansehen der Amerikaner. Alltägliche Zusammentreffen mit den Westalliierten in
Gesprächskreisen, auf Volksfesten, bei den Tagen der Offenen
Tür oder bei Militärparaden trugen außerdem zu dem guten
Verhältnis bei. Nicht zuletzt stärkte es die Position der Westalliierten in Westberlin, dass ihre Truppen auch bei Katastropheneinsätzen mitwirkten, ihre Wohngebiete nicht abgetrennt von der deutschen Bevölkerung lagen und vor allem
die deutsche Wirtschaft erheblich von ihnen profitierte.

Das gute Verhältnis schloss Eintrübungen nicht aus, insbesondere durch die von Studenten getragenen Proteste gegen
den Vietnamkrieg seit Mitte der sechziger Jahre. «Zerschlagt

die NATO», war eine der radikalen Forderungen der Außerparlamentarischen Opposition (APO) Anfang 1968. Der Protest begann in der akademischen Jugend, ging aber von dort sehr rasch auf die Straße, wo sich die APO in Berlin die großen Schlachten mit der Staatsmacht lieferte. Am 2. Juni 1967 fanden diese einen ersten Höhepunkt, als während einer Anti-Schah-Demonstration der Student Benno Ohnesorg erschossen wurde. Erstaunlich für Beobachter war, dass sich die Kritik der APO im Wesentlichen gegen die Westalliierten richtete, während der Ostblock nicht nur weitgehend ausgespart, sondern teilweise sogar als positives Gegenbeispiel präsentiert wurde. Die Bewegung radikalisierte sich rasch. Die «Schlacht am Tegeler Weg» am 4. November 1968 gilt als Wendepunkt. Bei den Auseinandersetzungen vor dem Landgericht in Charlottenburg anlässlich eines Ehrengerichtsverfahrens gegen den Westberliner APO-Anwalt Horst Mahler wurden 130 Polizisten und 22 Demonstranten verletzt.

Für die Westalliierten in Berlin hatten die Aktionen der militanten Teile dieser Protestbewegung blutige Folgen. Am 2. Februar 1972 wurde ein Bombenattentat auf den britischen Yachtclub durch die terroristische «Bewegung 2. Juni» verübt. Aber auch andere Attentäter suchten sich ihre Angriffsziele immer wieder in den westalliierten Einrichtungen Westberlins. Im August 1983 flogen die obersten Stockwerke des französischen Kulturhauses «Maison de France» am Kurfürstendamm als Folge eines Privatkriegs des internationalen Terroristenduos Ilich Ramirez Sanchez, genannt Carlos, und Johannes Weinrich in die Luft. Bombenleger Weinrich, der zuvor beim Frankfurter Ableger der «Revolutionären Zellen» (RZ) aktiv war, reiste damals wie so viele andere aus der linken Terrorszene in Westberlin über den Ostberliner Flughafen Schönefeld ein. In der Nacht auf den 5. April 1986 detonierte eine Bombe in der von amerikanischen Soldaten viel besuchten Diskothek La Belle in Schöneberg. Als Verantwortliche wurden später libysche Geheimdienstkreise ausfindig gemacht.

In den achtziger Jahren gab es ansonsten weitgehend friedliche Proteste gegen westalliierte Einrichtungen im Zusammenhang mit der sogenannten Nachrüstung. Zunehmend wurden aber auch Klagen über Lärm und Umweltzerstörung geäußert. Heftige Konfrontationen gab es deswegen zum ersten Mal 1979 im Zehlendorfer Ortsteil Düppel und im Spandauer Ortsteil Gatow.

Berlin bleibt doch Berlin?
Zuwanderung und Abwanderung

Berlin war und blieb ein Zuwanderungsgebiet. Dies änderte sich auch nach dem Zweiten Weltkrieg und dem Mauerbau nicht. Nach 1945 kamen zunächst vor allem Flüchtlinge und Vertriebene aus den von den Sowjets eingenommenen und später von Deutschland abgetrennten Ostgebieten. Zusammen mit zurückkehrenden Evakuierten oder Kriegsgefangenen war die Einwohnerzahl bis 1949 in ganz Berlin wieder um 300 000 Personen angestiegen. Dennoch war Berlin, das zu Kriegsbeginn 1939 mit über 4,3 Millionen die bisher höchste Bevölkerungszahl erreicht hatte, 1949 auf rund 3,3 Millionen Einwohner geschrumpft. Durch den Krieg hatte sich zudem die Bevölkerungszusammensetzung stark verändert. In der Stadt lebten nun überdurchschnittlich viele Frauen und Alte. Auf 1000 männliche kamen über 1500 weibliche Erwachsene. Die vom Krieg besonders geforderte Generation der 18- bis 40-Jährigen war in Berlin auf dreißig Prozent zurückgegangen. In dieser Altergruppe gab es sogar zweieinhalbmal mehr Frauen als Männer. Frauen wurden daher nun auch häufig zur Trümmerbeseitigung eingesetzt. Dafür hob man mit dem Kontrollratsgesetz Nr. 32 vom 10. Juli 1946 sogar den Arbeitsschutz teilweise auf.

Die Teilung Berlins hingegen machte sich in der Bevölkerungszahl bis 1960/61 kaum bemerkbar. Die offene innerstädtische Grenze kompensierte den Wegzug von Ostberlinern nach Westen, und der Zuzug aus dem Umland füllte Ostberlin wieder. Bis 1961 ergab sich auf diese Weise sogar ein positives Saldo von 150 000 Menschen für Westberlin. Von den rund 1,65 Millionen DDR-Bürgern, die seit 1953 bis zum Mauerbau durch das Westberliner Notaufnahmelager Marienfelde kamen, blieben dagegen nur wenige hier.

Nach dem Mauerbau 1961 kehrte sich die Entwicklung um. Während in Ostberlin die Bevölkerungszahl zunahm, verringerte sie sich in Westberlin. Ostberlin verzeichnete in den ersten zehn Jahren durch verhinderte Abwanderungen und Zuzug einen Wanderungsgewinn von etwa 4000 Menschen pro Jahr. Er steigerte sich nach dem Abschluss der innerdeutschen Verträge Anfang der siebziger Jahre sogar noch und konnte sich bis Mitte der achtziger Jahre mehr als verdoppeln. Allerdings verlor die östliche Halbstadt auch wieder ein Drittel des Nettozuwachses, als der Zustrom aus den ländlichen Teilen der DDR in den achtziger Jahren nachließ und Rentner nach Westen ausreisen durften. Ostberlin hatte auf diese Weise vor dem Mauerfall 1989 nur noch eine Bevölkerungszahl von rund 1,3 Millionen. Nicht wenige zogen zudem seit dem 1973 von der SED gestarteten Neubauprogramm aus den Innenstadtbezirken in die Neubaugebiete Marzahn oder Hellersdorf, wo eingerichtete Wohnungen auf die Innenstadtbewohner warteten.

In Westberlin war die Entwicklung nach 1961 komplizierter. Hier ging die Zahl der deutschen Einwohner bereits im Jahr vor dem Mauerbau stetig zurück. Dieser Trend änderte sich trotz aller Subventionen bis 1989 nicht mehr. Vielen Deutschen erschien die Situation nach der Zweiten Berlinkrise als zu unsicher. Die kontinuierlichen Schikanen auf den Transitwegen taten ein Übriges. Die von der Bundesregierung auf den Weg gebrachten Subventionen, die bereits 1961 rund 500 Millionen DM Soforthilfe betrugen und im Jahr darauf mit dem sogenannten Berlinhilfegesetz den Unternehmen, die in der Stadt blieben, Steuererleichterungen einräumten, halfen bei der Zuwanderung nur wenig. Dies galt auch für das Berlinförderungsgesetz 1971 mit seiner berühmt-berüchtigten «Zitterprämie», der Berlinzulage für Arbeitnehmer, die zum Ausgleich von höheren Lebenshaltungskosten in der Stadt steuerfrei rund acht Prozent mehr Bruttogehalt brachte und erst 1994 wieder gestrichen wurde.

Dass Westberlin bis zum Ende der Teilung trotzdem nur etwa 53 000 Menschen verlor und damit nur halb so viel wie Ostberlin, lag vor allem an der Zuwanderung von Ausländern. Lebten 1961 nur rund 20 000 Ausländer in Westberlin, verzehnfachte sich ihre Zahl bis zum Ende der siebziger Jahre. Bis 1989 kamen weitere 100 000, so dass im Jahr der Wiedervereinigung rund 300 000 Ausländer im Westteil wohnten. Die Hauptgruppe bildeten mit rund 128 000 Menschen türkische Einwanderer (2008: 111 300), die bis zum Anwerbestopp für ausländische Arbeitnehmer 1973 als sogenannte Gastarbeiter nach Westberlin kamen und vorzugsweise in die Stadtviertel zogen, die von den bisherigen deutschen Bewohnern in großem Umfang verlassen worden waren. In erster Linie waren das die direkt an der Mauer liegenden Bezirke Kreuzberg, Neukölln und Wedding sowie Spandau. Der türkische Anteil in der Ausländerpopulation Kreuzbergs betrug 2008 immerhin rund 44 Prozent. Die zweitgrößte Ausländergruppe in Westberlin bildeten die Einwanderer aus Jugoslawien, gefolgt von Polen. Die Zuwanderung von Ausländern verbesserte in erster Linie die Altersstruktur Westberlins. Der Altersdurchschnitt hatte sich seit Mitte der sechziger Jahre kontinuierlich erhöht. Von den knapp 2,2 Millionen Einwohnern Westberlins war 1965 immerhin fast jeder dritte im Rentenalter. Zum Vergleich: Im Bundesgebiet lag ihr Anteil lediglich bei zwölf Prozent.

In Ostberlin blieb der Zuzug von Ausländern schon aufgrund des grundsätzlichen Misstrauens der SED gegenüber Zuwanderern gering. Die Quote erreichte im Jahr des Mauerfalls 1989 mit etwa 21 000 Menschen gerade einmal 1,6 Prozent der DDR-Bevölkerung. Bei den Herkunftsländern der Arbeitsmigranten lag Vietnam an erster Stelle, gefolgt von Polen, Angola, Kuba und Mosambik. Die Xenophobie der DDR-Führung führte zudem dazu, dass die Fremden in besonderen, von der deutschen Bevölkerung separierten Häusern untergebracht wurden und man sie nach dem Ende ihrer Aufenthaltsgenehmigung wieder in das Heimatland zurückbeorderte. Diese Rückführungen, wie es im Amtsdeutsch hieß, gab es auch noch nach der Vereinigung. Eine der größten fand 1995 statt, als etwa 40 000 ehemalige vietnamesische Vertragsarbeiter in ihre Heimat zurückkehren mussten.

Der Zuzug von Ausländern nach Westberlin veränderte die Halbstadt bis heute nachhaltig. Verständlicherweise holten die «Gastarbeiter» nach dem Anwerbestopp 1973 ihre Ehepartner und Kinder nach. Ledige heirateten auch damals häufig Partner, die aus dem Heimatland stammten. Allmählich wandelten sich so einige Straßenzüge zu eigenen kulturellen Biotopen. Sie waren einerseits eine Bereicherung, zogen aber auch teilweise erhebliche soziale Probleme nach sich. Zu Beginn der achtziger Jahre war der sogenannte Familiennachzug weitgehend abgeschlossen. In Westberlin wurden nun vor allem Flüchtlinge aus Kriegs- und Krisengebieten aufgenommen, die zum Teil unbefristete Aufenthaltsgenehmigungen erhielten. Einen Sonderfall bildete in den neunziger Jahren dann die Einwanderung von Juden aus der ehemaligen Sowjetunion nach Berlin, durch die sich die jüdische Gemeinde auf rund 12 000 Mitglieder nahezu verdoppelte. Im Jahr 2009 lebten rund 450 000 Ausländer aus 186 Staaten in Berlin – so viele wie in keiner anderen deutschen Stadt. Auch in dieser Tradition ist sich Berlin über die Jahrhunderte treu geblieben.

Ein Raum für Alternativen

Der anhaltende Wegzug von deutschen Bewohnern und von Betrieben sowie der Zuzug von Menschen anderer Nationalitäten schuf ein besonderes Westberliner Milieu, das das Erfolgsmusical Linie 1 des Westberliner Grips-Theaters aus dem Jahr 1986 ebenso zum Thema machte wie manche Gassenhauer dieser Zeit. Die Halbstadt wurde mit dem Mauerbau zu einem großen Dorf, wie auch die Einheimischen wussten. Westberlin war «durchgehend geöffnet», da es für Lokale keine Sperrstunde gab, eine Stadt, die «nicht zu Bett ging», wie es in der Werbung in Anlehnung an New York euphorisch hieß. Aber man konnte auch nicht weit fahren, nach wenigen Kilometern traf man immer auf die Mauer. Allerdings war bereits vor der Teilung der eigene «Kiez» die wesentliche Bezugsgröße gewesen. Viele behielten dieses Verhalten noch «zu Mauerzeiten» bei. Auch die «alte Westberliner Gesellschaft» aus Grunewald und Dahlem traf sich an ihren angestammten Plätzen noch nach dem Mauerfall.

Westberlin bedeutete aber nicht nur Enge, sondern auch die Möglichkeit, Neues zu wagen. Wo sonst in der Bundesrepublik gaben sich die Größen des internationalen politischen und kulturellen Lebens die Klinke in die Hand? So war es kein Zufall, dass in Westberlin 1965 auch die Rolling Stones spielten, bei deren Konzert Jugendliche die ehrwürdige Waldbühne zerlegten, und dass in den siebziger Jahren Rockgrößen wie David Bowie und Iggy Pop die Stadt sogar zu ihrem Wohnsitz machten. Bowies Welthit *Heroes* handelte von der Mauerstadt Westberlin im Kalten Krieg.

Eine besondere Rolle spielte für die Entwicklung eines politisch und sozial alternativen Milieus in der Stadt, dass der

Exodus erheblicher Teile der Berliner Bevölkerung preiswer-
ten Wohnraum und üppige Nutzflächen hinterließ. Dies betraf nicht nur die Randgebiete, sondern teilweise auch gute
Wohnlagen. In Westberlin sorgten zudem Sonderbedingun-
gen wie die Beibehaltung der im sonstigen Bundesgebiet ab-
geschafften Mietpreisbindung dafür, dass die Mieten unge-
wöhnlich niedrig blieben. Gleichzeitig sorgten allerdings die
reichlich fließenden Subventionen in Westberlin auch dafür,
dass seit den sechziger Jahren zunehmend großflächige Sanie-
rungsvorhaben in Angriff genommen wurden. Seit dem Ersten und dem Zweiten Stadterneuerungsprogramm (ab
18. März 1963 bzw. 26. November 1974) kam es zu teils radikalen Entmietungsaktionen mit anschließenden Kahlschlag-
sanierungen, etwa in Neukölln, im Wedding und vor allem in
Kreuzberg. Ihnen fielen bis weit in die achtziger Jahre nicht
nur abrissreife Häuser zum Opfer, wie 1971 die als hässlichste
Mietskaserne Westberlins bekannte «Richardsburg» in Neukölln, die in der Weimarer Zeit als ein zentraler Kampfplatz
zwischen Nationalsozialisten und Kommunisten bekannt geworden war. Zerstört wurden auch erhaltenswerte Gründerzeitbauten, da Hauseigentümer in den Sanierungserwar-
tungsgebieten teilweise bewusst den Verfall der historischen
Bausubstanz forcierten, um mit Neubauten höhere Mieten zu
erzielen. Tatsächlich wurden nach und nach Wohnungswech-
sel schwieriger.

Für Studenten, die es nach Westberlin zog, wurde die zunächst gute Wohnungssituation ein zusätzlicher Anreiz. Der
Andrang ließ auch dann nicht nach, als der Mietwohnungs-
markt sich durch Abriss und Verwahrlosung wieder verschlechterte. Die Studentenzahlen an der traditionsreichen,
seit 1954 massiv ausgebauten Technischen Universität (TU),
der 1948 neu gegründeten Freien Universität (FU) und den
verschiedenen Bildungseinrichtungen für Musik und Kunst,
die 1975 zur Hochschule der Künste (HdK; heute: Universi-

tät der Künste) zusammengelegt wurden, stiegen kontinuierlich. Mitte der achtziger Jahre waren allein an der FU über 50 000 Studenten eingeschrieben.

Politisch galten die Westberliner Studenten bereits in den fünfziger Jahren als besonders engagiert, und zwar sowohl gegen links als auch gegen rechts. Die auf die Erste Berlinkrise und die politische Unterdrückung an der Ostberliner Friedrich-Wilhelms-Universität (ab 1949: Humboldt-Universität) zurückgehende Gründung der FU war hier ein Vorreiter. Sie verstand sich in ihrem «Berliner Modell» ausdrücklich als staatsfern und als Gegenmodell zur SED-Universität, und sie garantierte ihren Studenten zunächst sogar erhebliche Einflussmöglichkeiten. Bis 1961 förderte die FU ausdrücklich Ostberliner Studenten mit einem sogenannten Währungsstipendium.

In den sechziger Jahren entstand dann die eigentliche linke Studentenbewegung in Westberlin, die weit auf das Bundesgebiet ausstrahlte. Eine Demonstration gegen den Ministerpräsidenten des Kongo, Moïse Tschombé, bei der 1964 erstmals die Bannmeile vor dem Amtssitz des Regierenden Bürgermeisters in Schöneberg durchbrochen wurde, gilt als ihr Beginn. Treibende Kraft war der Sozialistische Deutsche Studentenbund (SDS) als Sammelbecken der Neuen Linken, in den 1965 auch der eigentliche Wortführer der APO, Rudi Dutschke, eintrat. Vor allem unter seiner Mitwirkung wandelte sich der SDS zu einer Kerntruppe der Studentenbewegung, die sich seit dem tödlichen Schuss auf Benno Ohnesorg 1967 zunehmend radikalisierte.

Hinzu kam eine weitere Besonderheit Westberlins, die mit dem politisch-rechtlichen Sonderstatus zu tun hatte. Da in Westberlin nicht nur die Einziehung zum Wehr- und Zivildienst verboten war, sondern auch die Zustellung von Musterungs- und Einberufungsbescheiden, sammelten sich hier jene jungen Männer, die der Wehrpflicht im Bundesgebiet entgehen wollten. Ihre Zahl wurde zwar nur auf etwa 8500 Personen geschätzt, und bei weitem nicht alle waren politisch aktiv. Aber sie waren ein Ausdruck für das gesellschaftskritische Klima in Westberlin, das auch noch in den siebziger und achtziger Jahren von der misstrauischen Atmosphäre des Kalten Krieges geprägt blieb und dessen Nachwirkungen selbst noch nach 1990 erkennbar waren.

Die öffentliche Protestkultur der APO in Westberlin ging bereits mit dem Antritt der sozialliberalen Bundesregierung unter dem ehemaligen Westberliner Bürgermeister Willy Brandt 1969 zurück. Schon zuvor hatte sich in der Halbstadt allerdings ein gewaltbereiter Teil der Protestbewegung in radikalen Gruppierungen gesammelt. Aus Westberlin stammten wichtige Protagonisten der Gründergeneration der terroristischen Rote Armee Fraktion (RAF), die sich hier nach der Befreiung des wegen Brandstiftung verurteilten Andreas Baader am 14. Mai 1970 bildete. Von hier kam auch die Bewegung 2. Juni. Sie war in Westberlin neben dem bereits erwähnten blutigen Anschlag auf den britischen Yachtclub in Wannsee 1972 auch für den 1974 verübten Mord am Kammergerichtspräsidenten Günter von Drenkmann und 1975 für die folgenreiche Entführung des Westberliner CDU-Spitzenkandidaten Peter Lorenz verantwortlich. Inge Viett, die nach der Auflösung der Gruppe 1978 zur RAF wechselte und 1982 in die DDR übersiedelte, hat später betont, sie sei vor allem wegen der größeren persönlichen Freiheiten in die Mauerstadt gezogen.

Aus dem Umfeld der radikalisierten 68er stammte auch der Westberliner Ableger der Revolutionären Zellen, die 1973 mit Anschlägen in der Stadt begannen. Einige ihrer Mitglieder konnten nach 1990 noch lange unerkannt etwa als Angestellte der Technischen Universität oder des autonomen Zentrums Mehringhof in Kreuzberg arbeiten. Zur linksextremen Westberliner Szene gehörten auch die sogenannten Tupamaros, die 1969 einen – glücklicherweise misslungenen – Anschlag auf das jüdische Gemeindehaus in der Charlottenburger Fasanenstraße verübten, und die Gruppe Rote Zora, die radikale Feministinnen versammelte. Im Umfeld trafen sich andere lose Gruppen wie die sogenannte Blues-Bewegung, die konsequent versuchte, sich den Zumutungen der westlichen Industriegesellschaft zu entziehen. Über sie kam auch Michael («Bommi») Baumann in die einschlägigen linksextremen Gruppen. Als einer der ersten zeichnete er in seinem autobiographischen Bericht *Wie alles anfing* 1975 die Geschichte der Radikalisierung in Westberlin nach.

Erst nach dem Ende des Kalten Krieges wurde klar, wie stark das Ostberliner Ministerium für Staatssicherheit auch diese Szene als Verbündete im Kalten Krieg unterstützt hatte. Ulrike Meinhof suchte für die RAF bereits 1970 Kontakte nach drüben, und ab 1976 war die DDR für die Aktiven der Westberliner Terrorszene Ausbildungsstätte, Durchreisestation und sicherer Rückzugsraum. Die Linksextremen konnten bereits in den 1970er Jahren geschützt über den Ostberliner Flughafen Schönefeld ein- und ausreisen.

Der Protest der APO, dem sich auch Prominente wie der Kabarettist Wolfgang Neuss anschlossen, galt innergesellschaftlichen Problemen der Bundesrepublik wie der sogenannten Notstandsgesetzgebung oder der mangelnden Aufarbeitung der NS-Vergangenheit, aber auch außenpolitischen Entwicklungen wie der US-Intervention in Vietnam. Darüber hinaus fanden Hochschulthemen wie die mangelnde Mitbestimmung an der traditionellen Ordinarienuniversität viel Aufmerksamkeit. Im Wintersemester 1967/68 entstand aus diesem Engagement unter anderem das Projekt Kritische Universität an der FU, dem es darum ging, Lehre und Forschung stärker zu politisieren.

Bei aller berechtigten Kritik an der Bewegung führte der Protest der 68er nach und nach dazu, dass ein alternatives Leben und alternative Projekte in der Gesellschaft eher akzeptiert wurden. Nicht zuletzt gehörten dazu neue Formen des Zusammenlebens. Spektakulär inszeniert wurde in Westberlin 1967 die Wohngemeinschaft «Kommune 1» («K1») um Dieter Kunzelmann, Fritz Teufel und Rainer Langhans. Sie befand sich zunächst in Friedenau, dann in Charlottenburg und schließlich in Moabit. Ihre politischen Ziele verloren sich zwar im folgenden Boom der Wohngemeinschaften, die in erster Linie aus pragmatischen Gründen entstanden, doch gerade im engen Westberlin behielt gemeinschaftliches Wohnen nicht zuletzt aus ökonomischen Gründen vor allem unter Studenten seine Attraktivität.

Da der Mangel an bezahlbarem Wohnraum auch in Westberlin aufgrund des gewollten Leerstands zunahm, entstanden Wohngemeinschaften schließlich auch in besetzten Häusern. Die erste Hausbesetzung erfolgte im Februar 1979 in der Kreuzberger Cuvrystraße durch die Bürgerinitiative «SO 36». Aber auch der Senat bewegte sich zeitweilig. Die «Instandbesetzer-Bewegung» erhielt Anfang 1981 die Möglichkeit, besetzte Wohnungen oder Gebäude legal zu mieten. Geräumt wurde damals nur noch, wenn der Eigentümer darauf bestand oder wenn die Häuser neu besetzt wurden. Die meisten Eigentümer allerdings beharrten auf der Räumung. 1984 wurde mit dem KuKuCK (Kunst und Kultur Centrum Kreuzberg) das letzte der damals rund 300 besetzten Häuser Westberlins geräumt. Bei einigen dieser Räumungen kam es zu heftigen Auseinandersetzungen. 1981 wurde dabei an der Bülowstraße sogar ein Demonstrant getötet. Eher ironisiert fand sich das Milieu der linken und insbesondere der Hausbesetzerszene seit 1978 in den weit über Westberlin hinaus bekannten Karikaturen von Gerhard Seyfried wieder.

Aus der Idee, durch Immobilienspekulation oder Desinteresse leerstehende Immobilien in Westberlin einer neuen Nutzung zuzuführen, entstanden langlebige Projekte. Dazu gehörte ab 1972 die «ufaFabrik», ein Kulturzentrum, das in einem vernachlässigten Fabrikgebäude in Schöneberg begonnen hatte und sich in Tempelhof im ehemaligen Kopierwerk der traditionsreichen UFA-Filmgesellschaft zu einem der langlebigsten Projekte alternativer Kulturarbeit und anderen Lebens in Westberlin entwickelte, das sogar die «Wende» überlebte. Nicht gehalten werden konnten nach 1989 dagegen die auf der ruhigen Westberliner Mauerseite entstandenen quasi-ländlichen Idyllen, teilweise mit Tierhaltung. Dass sich die Westberliner Politik hin und wieder auf eine alternative Nutzung leerstehender Gebäude einlassen konnte, belegte 1970 der Kauf eines aufgegebenen Krankenhauses am Mariannenplatz in Kreuzberg, in dem das bis heute existierende Künstlerhaus Bethanien entstand. Im Umfeld des «Bethanien» siedelten sich weitere alternative Projekte an. Es war auch der Ausgangspunkt für die Szeneband *Ton, Steine, Scherben*, deren Titel «Macht kaputt, was euch kaputt macht» zu einer Hymne der alternativ-autonomen Bewegung nicht nur in Westberlin wurde. Nicht zuletzt muss auf das 1978 in Westberlin gestartete Projekt einer alternativen Tageszeitung, der *taz*, hingewiesen werden, das ebenfalls die Wende von 1989 überlebte.

Allerdings wurde Westberlin auch zur «Hauptstadt der Drogen», wie sie David Bowie in den siebziger Jahren nannte. Der US-Musiker Lou Reed sah in seiner Rockoper *Berlin* aus dem Jahr 1973 Westberlin vor allem als Dorado der Junkies. Der von der Zeitschrift *Stern* 1978 veröffentlichte autobiographische Bericht der «Christiane F.», *Wir Kinder vom Bahnhof Zoo*, über Drogenkarrieren von Jugendlichen, der in den folgenden 25 Jahren 46 Auflagen erlebte, führte zum ersten Mal einer breiteren Öffentlichkeit die Drogenprobleme Westberlins vor Augen.

Im Ostteil Berlins waren die Bedingungen für alternative Lebensentwürfe zunächst denkbar ungünstig. Ostberlin wurde in den sechziger Jahren verstärkt als Hauptstadt der DDR ausgebaut und sogar in die Wehrpflicht einbezogen. Aber nicht nur das allgemeine politische Klima der späten Ära Ulbricht, in der sich die SED 1968 auch aktiv an der Niederschlagung des Prager Frühlings beteiligte, stand dagegen. Alternatives Milieu und die Einparteiendiktatur der SED schlossen sich eigentlich von vornherein aus. Abweichende Lebensentwürfe fielen im Zweifelsfall unter den umfassenden Begriff des asozialen Verhaltens, das seit 1961 auch erhebliche strafrechtliche Konsequenzen hatte. Dies änderte sich auch in der Ära Honecker nicht.

Dennoch schwappte nach der Begeisterung für die Beatmusik Ende der sechziger Jahre auch die Hippiewelle in die DDR. Über die westlichen Radiostationen erreichte jeder westliche Mode- oder Musiktrend gerade auch in Berlin den ostdeutschen Sozialismus. Trotz lange anhaltenden Widerstands der SED konnte sich die DDR dieser schleichenden Verwestlichung vor allem der Jugendmilieus nicht entziehen. Ungewollt hatte die SED 1964 mit dem aus Ostberlin sendenden staatlichen Jugendradio DT 64 diesen Trend sogar noch verstärkt. Die X. Jugendfestspiele in Ostberlin 1973 wurden sogar offiziell zu einem «roten Woodstock» verklärt.

Was die begrenzten und von der Stasi misstrauisch überwachten alternativen Biotope im Ostteil Berlins förderte, waren zudem ironischerweise jene Pläne, die die SED als Fortentwicklung des Sozialismus verstand. Die Neubaugebiete Ostberlins, die seit den siebziger Jahren unter anderem in Marzahn und Hellersdorf gewachsen waren, bedeuteten für viele Altbaugebiete in Ostberlin das Aus. Vernachlässigt, manchmal wie im Westteil «entkernt» und aus Geldmangel (da faktisch die Preisstoppverordnung von 1936 für Mieten weiter galt) dem baulichen Verfall preisgegeben, fielen gerade Altbauten in zentralen Bezirken wie dem Prenzlauer Berg in eine Art Dornröschenschlaf. Einzelne Prestigeprojekte zum

750. Stadtjubiläum 1987 änderten daran nicht viel. Im Rückblick war das Vergessen ein Glücksfall nicht nur für den Erhalt von Gründerzeitbauten. Die zerfallenden Altbauten blieben aufgrund der unschlagbar niedrigen Mieten bei Studenten, Musikern, Schauspielern, Künstlern oder Schriftstellern besonders beliebt. Auch im Prenzlauer Berg wurden schließlich zu Beginn der achtziger Jahre die ersten Häuser besetzt.

Die Jugendszene Ostberlins wurde wie im Westteil in den siebziger und achtziger Jahren besonders bunt. Neben den Rockfans fielen die Punks auch im Ostteil am meisten auf. Hunderte kamen zu ihren Konzerten, die teilweise nur über Mundpropaganda bekannt wurden. Es gab sogar Ost-West-Kooperationen. 1987 konnte die ostdeutsche Undergroundband *Die Firma* zusammen mit der Westberliner Gruppe *Element of Crime* in der Zionskirche in Prenzlauer Berg auftreten. Das szenespezifische Verhalten einer bereits äußerlich unangepassten Klientel ließ vor allem die Stasi bis zum Ende der DDR nicht ruhen. Als zu den Pfingstfeiertagen 1987 am Westberliner Reichstag Größen der westlichen Popkultur wie *Genesis* auftraten, sammelte sich die einschlägige Ostberliner Szene auf der anderen Seite der Mauer, wo es prompt zu Rangeleien mit Polizei und Staatssicherheit kam. Die gewachsene soziale Struktur in solchen Bezirken, gerade auch in Prenzlauer Berg, wurde einige Jahre später zur wichtigen Basis der ostdeutschen Revolution. Neben der dortigen Zionskirche wurde die Gethsemanekirche in der Endphase der DDR zum Sammelpunkt der Opposition.

8. Der Mauerfall und die «Berliner Republik»

«Die Mauer fällt»

Die beiden Stadthälften Berlins hatten sich seit dem Abschluss der deutsch-deutschen Verträge, nach der Anerkennung der DDR durch die UNO und nach ihrer Einbeziehung in die Konferenz über Sicherheit und Zusammenarbeit in Europa (KSZE) bis zur Mitte der siebziger Jahre vielfach miteinander arrangiert. In der Stadt gelang es nicht nur, angenehmere Besuchsregelungen für Westberliner zu erreichen, sondern im Zuge des 1972 in Kraft getretenen Viermächteabkommens sogar Gebiete auszutauschen, die für die Entwicklung insbesondere Westberlins dringend benötigt wurden. Dabei ging es nicht zuletzt um die Verkehrsplanung. Die letzte Vereinbarung dieser Art trat am 1. Juli 1988 in Kraft und betraf unter anderem das sogenannte Lenné-Dreieck, ein Gebiet, das heute hinter dem Sony-Center am Potsdamer Platz liegt. Bei der Räumung des von Autobahngegnern besetzten Areals kam es 1988 sogar noch zu kleineren Scharmützeln zwischen Ost und West. Auf der Flucht vor der Polizei erkletterten die dem «autonomen Spektrum» zuzurechnenden Demonstranten die Mauer und schwenkten provozierend eine große DDR-Flagge. Kurz darauf wurden sie von ostdeutschen Grenzern abgeholt, mit einem Frühstück versorgt und wieder nach Westberlin abgeschoben. Das SED-Zentralorgan *Neues Deutschland* ließ es sich am nächsten Tag dann auch nicht nehmen, ausführlich über diese «Flucht» in die DDR zu berichten.

Der noch im Sommer 1988 vereinbarte Erwerb von DDR-

Gebieten, für die der DDR vom Senat die Westberliner Exklaven Falkenhager Wiese, Laszinswiesen, Wüste Mark sowie ein Gelände am Eberswalder Güterbahnhof nördlich der Weddinger Bernauer Straße übergeben wurden, zeigt, dass die Öffnung der Mauer im November 1989 völlig überraschend kam. Warum überhaupt in der Nacht vom 9. auf den 10. November 1989 «die Mauer fiel», blieb lange unklar. Zu unglaublich erschien das bedingungslose Einlenken der DDR-Führung um Egon Krenz. Tatsächlich hatte es dies auch nicht gegeben. Die Öffnung war vielmehr ein Missverständnis, das nicht wieder rückgängig gemacht werden konnte.

Alles hatte mit einem Beschluss des DDR-Ministerrats in Ostberlin über eine zeitweilige Übergangsregelung für Reisen und die sogenannte Ständige Ausreise aus der DDR begonnen. Mit ihr wollte man die wachsende Welle von Fluchten über Drittländer, insbesondere über das DDR-Ferienland Ungarn, das im Mai 1989 begonnen hatte, seine maroden Grenzanlagen abzubauen, in geordnete Bahnen lenken. Im Umlaufverfahren wurde die Regelung abgesegnet und kurz vor der Pressekonferenz am 9. November um 18 Uhr dem designierten Sekretär für Information, Günter Schabowski, auf einem kleinen Zettel mitgeteilt. Auf Nachfrage eines italienischen Journalisten verkündete Schabowski zur allgemeinen Überraschung, dass nun Genehmigungen für Privatreisen von DDR-Bürgern kurzfristig möglich seien und sogar Visa zur Ausreise unverzüglich ausgegeben würden. Kurz darauf strahlten verschiedene westliche Sender die umständlichen und von vielen «Ähs» unterbrochenen Ausführungen Schabowskis in der kürzesten Zusammenfassung aus, die möglich war: «Die DDR öffnet nach Angaben von SED-Politbüromitglied Günter Schabowski ihre Grenzen.»

Dem unmittelbar folgenden Ansturm von Tausenden Ostberlinern am Abend auf die Grenzübergangsstellen sahen sich die dortigen Beamten rasch nicht mehr gewachsen. Nach

«Come together»: Zuschauer erwarten am 22. Dezember 1989 die Öffnung der Mauer am Brandenburger Tor.

hektischer Rücksprache öffneten einige ab 22 Uhr ihre Schlagbäume. Am Grenzübergang Bornholmer Straße zwischen den Bezirken Pankow im Osten und Wedding im Westen, der als erster öffnete, teilte der zuständige Grenzoffizier um 23.30 Uhr angesichts der sich vor dem Tor drängelnden Menschenmassen lapidar mit: «Ich stelle die Kontrollen ein und lasse die Leute raus.» Wenig später folgte die Grenzübergangsstelle an der Sonnenallee zwischen Treptow und Neukölln, schließlich auch der «Checkpoint Charlie» an der Friedrichstraße. Kurz nach Mitternacht waren alle Übergänge nach Westen passierbar.

Tausende Ostberliner strömten in dieser Nacht auf den 10. November in den Westteil Berlins. Auf dem Kurfürstendamm, den die meisten als ersten Sehnsuchtspunkt westlicher Freiheit und Konsumwelt ansteuerten, bot sich in dieser

Nacht mit hupenden Trabis und Wartburgs und sich drängelnden Besuchern ein denkwürdiges Bild. Einige stellten bei ihrer Rückkehr nach Ostberlin allerdings erstaunt bis entsetzt fest, dass die Ostgrenzer ihre Ausweise ungültig gestempelt hatten. Auf kaltem Wege schienen sie ausgebürgert worden zu sein, was für zusätzliche Tumulte an den Übergangsstellen sorgte. Aber auch diese letzten kleinen Gemeinheiten der DDR-Grenzer erwiesen sich nur noch als Makulatur.

Faktisch war mit der Nacht vom 9. auf den 10. November 1989 bereits «die Mauer gefallen». Alle späteren Versuche der SED, doch noch die Initiative zurückzugewinnen, scheiterten. Kurzzeitig hatte DDR-Verteidigungsminister Heinz Keßler zwei Tage nach der denkwürdigen Nacht wohl noch ernsthaft erwogen, zwei Regimenter der NVA am Brandenburger Tor aufmarschieren zu lassen, um die Besetzung und beginnende Zerstörung der Mauer durch «Provokateure» zu beenden. Tatsächlich hockten seit der Öffnung der Grenzübergänge auch Hunderte von Westberlinern auf dem vorher so akribisch bewachten «Antifaschistischen Schutzwall», der auf der Westseite bereits seit Jahren bunt bemalt war. Einige Unentwegte liefen bereits in dieser Nacht weiter zu dem durch eine Postenkette geschützten Brandenburger Tor, das seit August 1961 nicht mehr für die Öffentlichkeit zugänglich gewesen war. Fast einen Monat später war dann auch das Brandenburger Tor wieder offen. Selbst Autos konnten wie zu Zeiten vor dem Mauerbau für einige Jahre wieder hindurch fahren. Nach einem denkwürdigen Telefongespräch zwischen dem sowjetischen Generalsekretär der KPdSU Michail Gorbatschow und dem deutschen Bundeskanzler Helmut Kohl am Abend des 11. November 1989 war klar, dass es keinen Einsatz der sowjetischen Armee geben würde. Kohls Berater Horst Teltschik notierte damals: «Nun bin ich endgültig sicher, dass es kein gewaltsames Zurück geben wird.»

Die so glücklich verlaufene Öffnung der Berliner Mauer

war tatsächlich keine Selbstverständlichkeit. Eine gewaltsame «chinesische Lösung», wie sie im Sommer 1989 auf dem Pekinger Platz des Himmlischen Friedens stattgefunden hatte, stand in der DDR lange Zeit zumindest als Drohung im Raum. Die Hoffnung auf eine Lockerung der SED-Parteiherrschaft und mehr Offenheit, wie sie Gorbatschow mit den Begriffen *Perestroika* und *Glasnost* versprochen hatte, war unübersehbar, aber genauso verbreitet war die Vorstellung, dass es mit Honecker keine Änderung geben werde. Die Anti-Gorbatschow-Linie hatte SED-Chefideologe Kurt Hager bereits 1987 in einem berühmten Interview mit dem Hamburger Magazin *Stern* deutlich gemacht: «Würden Sie, wenn Ihr Nachbar seine Wohnung neu tapeziert, sich verpflichtet fühlen, Ihre Wohnung ebenfalls neu zu tapezieren?» Gorbatschow hielt die Haltung der SED für inakzeptabel, wie er zuletzt beim Staatsbesuch zum 40. Jahrestag der DDR in Ostberlin 1989 unmissverständlich deutlich machte. Hier fiel der berühmte Satz, der später so zitiert wurde: «Wer zu spät kommt, den bestraft das Leben.»

Kritisch war es für die DDR-Führung geworden, als die Masse der Unzufriedenen nicht mehr ausreisen, sondern dableiben wollte und sich mit den dezidiert politischen Gegnern des Regimes verband. Ihr Widerstand hatte sich in den achtziger Jahren vor allem unter dem Dach der Evangelischen Kirche gesammelt. Auf dem Alexanderplatz demonstrierten fünf Tage vor der Maueröffnung rund eine halbe Million DDR-Bürger für Demokratie. Alle Versuche der SED, im Oktober 1989 wieder zur Herrin des Geschehens zu werden, scheiterten. Daran änderte auch die Entmachtung Honeckers am 18. Oktober nichts, der 1991 zunächst nach Moskau floh, dann in Berlin mit Erich Mielke und einigen anderen vor Gericht gestellt wurde und vier Jahre nach der «Wende» nach Chile ausreisen durfte. Sein Nachfolger und einstiger «Kronprinz» Egon Krenz, der auch für den Betrug bei den Kommunalwahlen mitverantwortlich war, bot in den Augen der Unzufriedenen keine Alternative.

Tatsächlich war die Öffnung der Grenze nicht rückgängig zu machen. Am Wochenende nach dem 9. November waren bereits drei Millionen DDR-Bürger – also etwa jeder sechste – zu Besuch in Westberlin oder Westdeutschland. Die Silvesterfeiern 1989/90 wurden in Berlin ein Happening vor, hinter und vor allem auf der Mauer. Aber auch Westberliner entdeckten Ostberlin neu. Im Ostteil eröffneten in diesen Tagen nahezu täglich neue Kneipen. In der Oranienburger Straße entstand damals das heute noch bestehende «Kunsthaus Tacheles» in den Resten der 1908 gebauten Friedrichstraßenpassage.

Die politischen Ereignisse überschlugen sich. An einem Runden Tisch verhandelten Vertreter des Regimes mit ihren Gegnern ab dem 7. Dezember über notwendige Reformen. Am 15. Januar 1990 stürmten Demonstranten das Stasi-Hauptquartier in der Normannenstraße, wo sich seine Mitarbeiter zuvor tagelang verzweifelt bemüht hatten, geheime Unterlagen zu vernichten. Am 18. März schließlich wurden die ersten freien Volkskammerwahlen in der DDR durchgeführt. Die SED als einstige Einheitspartei hatte zu diesem Zeitpunkt bereits versucht, außer dem von ihr gestellten Ostberliner Oberbürgermeister Erhard Krack, den man für die Fälschung der Kommunalwahlen verantwortlich machte, auch ihren unpopulären Namen zu entsorgen. Auf einem eilig einberufenen Sonderparteitag eine Woche vor Weihnachten 1989 erklärte sie sich zur Partei des Demokratischen Sozialismus (PDS). Offiziell verschwand der alte Name allerdings erst am 4. Februar 1990.

Bei den Wahlen am 18. März 1990 half diese Namenskosmetik nicht mehr. Aus ihnen ging die konservative «Allianz für Deutschland», bestehend aus CDU, DSU und Demokratischem Aufbruch, mit 48,0 Prozent als unbestrittene Siegerin hervor. In Berlin hatten allerdings nur 21,8 Prozent für die Allianz gestimmt. Ministerpräsident wurde der ostdeutsche CDU-Vorsitzende Lothar de Maizière. Die Kommunalwahlen in Ostberlin konnten dagegen die Sozialdemokraten am 6. Mai für sich entscheiden. Drei Wochen später wurde mit Tino Schwierzina wieder ein Sozialdemokrat Oberbürgermeister von Ostberlin. Zusammen mit dessen Westberliner Partei- und Amtskollegen Walter Momper tagte man ab Juni gemeinsam im Roten Rathaus, das als traditionelles Quartier der Stadtregierung seit 1869 nun wieder zum Amtssitz des Regierenden Bürgermeisters von ganz Berlin wurde.

Am 18. Mai 1990 wurde zwischen der Bundesrepublik und der DDR eine «Wirtschafts-, Sozial- und Währungsunion» vereinbart, die am 1. Juli in Kraft trat. Damit war der Beitritt der DDR zur Bundesrepublik, der offiziell am 3. Oktober 1990 erfolgte, faktisch bereits vollzogen. Drei Monate später, am 2. Dezember 1990, fand die erste gesamtdeutsche Bundestagswahl statt, bei der neben den ehemaligen DDR-Bürgern zum ersten Mal auch die Westberliner wählen durften.

Hauptstadt Deutschlands und Bundesland

Die Vereinigung Berlins und der Beitritt der DDR zur Bundesrepublik 1990 war eine Besonderheit in der Geschichte des Kalten Krieges: Nichts hatte den globalen Konflikt augenfälliger symbolisiert als die deutsche Teilung in zwei Frontstaaten, die Grenze durch Deutschland und mitten durch Berlin. Nirgends sonst trat ein Mitgliedsstaat des Ostblocks einem Bündnispartner der westlichen Allianz bei. Für die Siegermächte des Zweiten Weltkriegs, die UdSSR, die USA, Großbritannien und Frankreich, blieb die Vereinigung Deutschlands ein besonderes Problem. Die Teilung war nicht nur der sichtbarste Ausdruck des Kalten Krieges, sondern der durch Deutschland begonnene Zweite Weltkrieg war sein Ausgangspunkt gewesen. Mit Berlin verband sich trotz des Kalten Krieges immer noch vor allem die Geschichte des Nationalsozialismus. Die Furcht vor einem «Vierten Reich», einem durch die Vereinigung nationalistisch aufgeladenen Deutschland, das möglicherweise Europa dominieren, aber auch destabilisieren könnte, war beträchtlich. Übereinstimmend wurde schließlich zwischen den Westmächten und der Sowjetunion vereinbart, die beiden deutschen Staaten in die Verhandlungen über die außenpolitischen Aspekte der Vereinigung, die sogenannten Zwei-Plus-Vier-Gespräche, einzubeziehen.

Nachdem in persönlichen Gesprächen zwischen dem inzwischen als Präsident der Sowjetunion amtierenden Gorbatschow und dem westdeutschen Bundeskanzler Kohl im Sommer 1990 noch umstrittene Einzelheiten geklärt werden konnten, beurkundete der am 12. September unterzeichnete Zwei-Plus-Vier-Vertrag die bisherigen Außengrenzen der beiden deutschen Staaten als unveränderliche Grenzen des vereinigten Deutschland. Er stellte zudem fest, dass das vereinigte Deutschland in der NATO verbleiben könne, legte den Umfang der mit der NVA zusammengelegten Bundeswehr fest, deren Soldaten nun auch in Berlin stationiert sein durften, und bekräftigte erneut den Verzicht auf Herstellung, Besitz und Verfügung von ABC-Waffen. Artikel 7 enthielt die Souveränitätsformel: Die vier Siegermächte des Zweiten Weltkriegs «beenden hiermit ihre Rechte und Verantwortlichkeiten in Bezug auf Berlin und Deutschland als Ganzes». Bei den Feierlichkeiten zur Unterzeichnung des Zwei-Plus-Vier-Vertrags am 12. September 1990 in Moskau saßen Lothar de Maizière für die DDR und Hans-Dietrich Genscher für die Bundesrepublik neben den Vertretern der Siegermächte. Der Zweite Weltkrieg war endgültig zu Ende.

Neben den Abrüstungen machte vor allem der Abzug der alliierten Truppen aus Berlin bis 1994 für viele sichtbar, dass der Kalte Krieg nun wirklich überwunden war. Zurück blieb nach der Verabschiedung auch in Berlin eine Fülle von Liegenschaften, zu denen nicht zuletzt die Friedhöfe und Denkmäler zählten, die nach der Eroberung 1945 entstanden waren. Im Stadtteil des sowjetischen Oberkommandos, Berlin-Karlshorst, entstand bereits 1991 ein Deutsch-Russisches Museum.

Mit dem Einigungsvertrag, der den Beitritt der DDR zur Bundesrepublik am 3. Oktober 1990 juristisch regelte, war Berlin nach den Bestimmungen des Grundgesetzes nun auch wieder offiziell zur Hauptstadt Deutschlands geworden. Knapp ein Dreivierteljahr später, am 20. Juni 1991, fiel im Bundestag – allerdings mit einer sehr knappen Mehrheit von 18 Stimmen – die Entscheidung, die ehemalige Reichshauptstadt zum Regierungssitz des neuen Deutschland zu machen und dafür auch die Verfassungsinstitutionen wie das Bundeskanzleramt, den Bundestag sowie Ministerien dorthin zu verlegen. Der mühsam errungene Kompromiss zwischen Berlinbefürwortern und -gegnern bedeutete allerdings auch, Kompensationen für Bonn zu schaffen.

In der nun «Bundesstadt» genannten ehemaligen Hauptstadt der «alten Bundesrepublik» blieben nach den Bestimmungen des Berlin-Bonn-Gesetzes von 1994 vor allem Zweit- und einige Erstsitze von Verfassungsorganen, Ministerien und sonstigen Bundesbehörden zurück. Die Entscheidung kostete den Steuerzahler aufgrund der nun notwendigen Flüge von Beschäftigten mit dem «Beamtenshuttle» zwischen den beiden Städten jährlich Millionen und einen niemals gezählten Verlust von Arbeitsstunden der Staatsbediensteten. Auch deswegen lässt die Kritik bis heute nicht nach. Im Jahr 2009, zehn Jahre nach dem offiziellen Umzug, hatten noch immer sechs von vierzehn Ministerien ihren Erstsitz in Bonn, darunter auch das Verteidigungsministerium. Etwa je zur Hälfte waren die Bundesbeamten auf beide Städte verteilt worden (8732 in Bonn, 8931 in Berlin). Pro Jahr wurden 751 Tonnen Dienstpost hin und her transportiert, 132 000 Flugtickets gekauft und 250 doppelte Büros betrieben. Die Kosten lagen nach offiziellen Angaben bei 8,8 Millionen Euro, nach Berechnungen des Bundes der Steuerzahler bei rund 23 Millionen.

Der Hauptstadtbeschluss bescherte Berlin in den neunziger Jahren aber auch wieder einen historischen Bauboom. Der Straßen- und Schienenverkehr wurde ausgebaut (zuletzt 2009 die sogenannte Kanzler-U-Bahn) und neue Regierungsbauten wurden errichtet. Parteien, Verbände, Stiftungen, Industrieunternehmen, Fernsehanstalten und Verlage entschieden sich, ihre Hauptquartiere nach Berlin zu verlegen. Zudem wollte man aus städtebaulichen Prestigegründen die durch die Teilung, insbesondere durch den Mauerstreifen und die Grenzlagen, geschaffenen Baulücken rasch schließen. Mitten in Berlin lagen riesige Areale «in bester Lage» brach, etwa am Potsdamer und am Leipziger Platz. Da man in der Euphorie der Nachwendezeit ein unerhörtes Wachstum der Bevölkerungszahl erwartete, entstanden gleichzeitig neue Wohnungsbauprojekte, vor allem im sogenannten Speckgürtel rund um die Hauptstadt, so etwa 1994 die «Neue Vorstadt» in Karow und die sogenannte Wasserstadt in Spandau. Tatsächlich blieb allerdings die Einwohnerzahl bis 2012 mit etwa 3,6 Millionen Menschen gegenüber 1990 fast unverändert. Langfristig verschärfte sich dennoch die Lage auf dem Wohnungsmarkt durch den bevorzugten Bau von Luxuswohnungen bei gleichzeitigem Fehlen von für Normalverdiener bezahlbaren Apartments sowie durch die Umwandlung von Wohnraum in Gewerbeflächen. Diese «Gentrifizierung» löste viel Protest aus, vor allem in Kreuzberg, Friedrichshain und Prenzlauer Berg. Es kam zu Brandstiftungen in Häusern, und in zahlreichen Bezirken wurden Autos angezündet – allerdings nicht immer aus politischen Motiven. Die zunehmende Gewaltbereitschaft äußerte sich auch in einer Vielzahl von Attacken in öffentlichen Verkehrsmitteln, die 2011 ihren Höhepunkt erreichten.

Die neuen Regierungsbauten nach den ab 1992 ausgelobten Wettbewerben entstanden dort, wo in den letzten einhundert Jahren immer offiziell gebaut worden war. Im sogenannten Spreebogen, der mäandernden Krümmung der Spree zwischen Reichstagsgebäude im Osten und Kongresshalle (bzw. Haus der Kulturen der Welt) im Westen, entstand bis 2002 das von Axel Schultes entworfene «Band des Bundes» mit Bundeskanzleramt und Abgeordnetenhäusern. Bereits bis 1998 wurde das neue Bundespräsidialamt fertig gestellt. Der britische Architekt Norman Foster gestaltete bis 1999 das Reichstagsgebäude um und krönte es mit einer Glaskuppel. Nur wenig entfernt davon entstand bis 2006 nördlich der Spree auf den Flächen des Lehrter Bahnhofs der neue Hauptbahnhof.

Zudem wurden einige neue Gebäude für Ministerien errichtet, etwa der Erweiterungsbau des Bundesverkehrsministeriums bis 1999 sowie das Auswärtige Amt, das als Ausbau des ehemaligen Reichsbankgebäudes am Werderschen Markt im Jahr 2000 fertig gestellt wurde. Andere Ministerien zogen in sanierte Altbauten. So residiert heute der Finanzminister im ehemaligen Reichsluftfahrtministerium, das nach 1945 unter anderem der SMAD, der Provisorischen Volkskammer und als Haus der Ministerien in der DDR gedient hatte. Der Arbeits- und Sozialminister der Bundesrepublik nahm seinen Dienstort im ehemaligen Propagandaministerium des Dritten Reiches, und der Wirtschaftsminister arbeitet heute in der ehemaligen Kaiser-Wilhelm-Akademie für das militärärztliche Bildungswesen. Neubauten für die Parteien entstanden unter anderem in Tiergarten (CDU) und Kreuzberg (SPD). Bündnis 90/Die Grünen, FDP und PDS/Die Linke bezogen Altbauten im Bezirk Mitte.

Mit großen, später teils enttäuschten Erwartungen wurden die Neubauten auf dem im Kalten Krieg fast leeren Potsdamer Platz errichtet. Hier siedelten sich in der Nähe des Lenné-

Dreiecks unter anderem der japanische Elektronikkonzern Sony, die Deutsche Bahn und eine der unvermeidlichen Einkaufsmalls an, wie sie im vereinten Berlin gleich im Dutzend entstanden. Zu einem größeren Bauprojekt wurde der internationale Flughafen Berlin-Brandenburg. Über zwanzig Jahre nach der Wiedervereinigung soll der nach Willy Brandt benannte Airport 2013 fertiggestellt werden, um den letzten Innenstadtflughafen Tegel abzulösen.

Das neue Berlin und die Last der Vergangenheit

Die Berliner Republik, wie sie nun in geographischer, vor allem aber politischer Abgrenzung zur Weimarer und Bonner Republik hieß, startete mit weitreichenden Hoffnungen. Der amtierende Bundeskanzler Kohl hatte mit der Vereinigung der beiden deutschen Staaten 1990 seine und vor allem die politische Zukunft der Regierungskoalition aus CDU/CSU und FDP gesichert. Die Bundestagswahlen 1990 und 1994 konnte man noch mit 54,8 und 48,4 Prozent für sich entscheiden. Vier Jahre später endeten sie mit einem massiven Einbruch der CDU/CSU und FDP auf 41,3 Prozent, was Beobachter vor allem der Unzufriedenheit der Bürger in den «Fünf neuen Ländern» und dem ehemaligen Ostberlin zuschrieben.

1998 folgte die als «Neue Mitte» bezeichnete Koalition aus SPD und Bündnis 90/Die Grünen, die 47,6 Prozent der Stimmen auf sich vereinigen konnten. Die PDS (ab 2005: «Die Linkspartei», ab 2008 «Die Linke») blieb bei den ersten beiden gemeinsamen Bundestagswahlen unter fünf Prozent und zog 1998 mit 5,1 Prozent der Wählerstimmen zum ersten Mal in den Bundestag ein. Bei Abstimmungen in den neuen Ländern erreichte sie seit 1994 jedoch regelmäßig über 20 Prozent. Im vereinten Berlin kam die SED-Nachfolgerin schon 1995 auf 14,6 und 2001 auf über 22 Prozent. Auch bei der Bundestagswahl 2009 zeigte Berlin die traditionelle Sympathie für linke Parteien, wenngleich nach den Zweitstimmen die westlichen Bezirke mehrheitlich an die CDU und die östlichen mehrheitlich an Die Linke gingen. Nur im Stadtzentrum dominieren die Grünen. SPD, Bündnis 90/Die Grünen und Die Linke kamen in Berlin insgesamt auf 62,4 Prozent (Bund: 48,2 Prozent). Die Wahlen zum Abgeordnetenhaus 2011 bedeuteten auch für Berlin eine Überraschung. Die Piratenpartei errang fast aus dem Stand 8,9 Prozent. Die Grünen erreichten 17,6 Prozent, die SPD nur noch 28,3 Prozent.

In der Kommunal- und Landespolitik Berlins folgte 1991 auf den von der SPD gestellten Regierenden Bürgermeister Walter Momper, dessen Minderheitssenat die Abgeordnetenwahlen nicht überstand, wieder sein CDU-Vorgänger Eberhard Diepgen. Ihn löste 2001 mit Klaus Wowereit erneut ein Sozialdemokrat ab, der bis heute Regierender Bürgermeister blieb und damals ein bislang im ehemaligen Westberlin geltendes Tabu brach, als er eine Koalition mit der PDS einging, die bis zu der herben Niederlage der Linken 2006 hielt. Eine weitere Überraschung lieferte Wowereit nach der Abgeordnetenhauswahl 2011. Statt der erwarteten Fortsetzung der rot-grünen Koalition verkündete er das Scheitern der Verhandlungen mit den Grünen und eine Zusammenarbeit mit der CDU. Offiziell wurde als Ursache die Ablehnung des Baus der A-100-Stadtautobahn zwischen Neukölln und Treptow durch die Grünen angegeben. Offensichtlich war aber auch, dass die «Chemie» zwischen Wowereit und der grünen Spitzenkandidatin Renate Künast nicht stimmte.

Dem Bruch der Großen Koalition von SPD und CDU 2001 vorausgegangen war der maßgeblich von führenden Christdemokraten mitverantwortete Berliner Bankenskandal. In seinem Kern war er nach Meinung von Beobachtern wie der in Berlin ansässigen weltweit tätigen Nichtregierungsorganisation Transparency International nicht zuletzt eine Folge der seit Jahrzehnten etablierten politischen Patronage, die nun auch «Berliner Sumpf» genannt wurde. Der Skandal trug nicht zuletzt dazu bei, dass die Schulden Berlins auf einen historischen Höchststand katapultiert wurden. Im Sommer 2012 betrugen sie unverändert etwa sechzig Milliarden Euro. Das Vorhaben, aufgrund der «extremen Haushaltsnotlage» außerordentliche Hilfen des Bundes zu erhalten, wurde 2006 allerdings endgültig durch ein Urteil des Bundesverfassungsgerichts durchkreuzt.

Die Schulden der Bundeshauptstadt hatten bereits vor 2001 zu verschiedenen Sparmaßnahmen geführt. Auch die 1998 eingeleitete Bezirksreform, die die Zahl der Berliner Bezirke von 23 auf 12 reduzierte, sollte Kosten sparen. Den gleichen Grund hatten die zahlreichen Schließungen von nun mehrfach vorhandenen Institutionen, zu denen auch Theater oder Opernhäuser gehörten. Die finanziellen Probleme der «Nachwendejahre» zerstörten die Hoffnungen auf eine rasche wirtschaftliche Angleichung von Ost und West. Ein Kompromiss im vereinigten Berlin war 1996 die Anpassung der Gehälter des Öffentlichen Dienstes, die in Ostberlin wie allgemein in den neuen Bundesländern 16 Prozent unter dem Westniveau lagen. Zum 1. Oktober 1996 wurden sie dem Westniveau angeglichen, nicht zuletzt um die sozialen Spannungen zu dämpfen.

Im Rückblick erscheinen die Hoffnungen der Wendezeit auf «blühende Landschaften» in den neuen Bundesländern völlig überzogen. Nach der Wende waren auch in Berlin Werksschließungen an der Tagesordnung. Die Volkseigenen Betriebe der DDR wurden durch eine Treuhandgesellschaft bis auf wenige Ausnahmen «abgewickelt», nicht zuletzt, weil sich die bisherigen Absatzgebiete in Ostmitteleuropa mit dem Untergang des ehemaligen gemeinsamen Wirtschaftsraums RGW auflösten. In den Neuen Bundesländern wurden nach der Vereinigung schätzungsweise rund sechs Millionen Menschen entlassen. Allein in Berlin verdoppelte sich die statistisch erfasste Arbeitslosigkeit von 7,6 Prozent im Jahr 1990 bereits bis 1997 und verharrt seitdem weitgehend auf hohem Niveau (Jan. 2012: 13,2 Prozent). Sie liegt damit wenig höher als im benachbarten Brandenburg (11,1 Prozent), aber gravierend höher als der Bundesdurchschnitt (7,2 Prozent). Auch bei den Hartz IV-Empfängern ist Berlin bundesweit an der Spitze (2011). Im September 2011 waren es rund 600 000 Menschen, davon ein Drittel Kinder, damit 21 Prozent der Berliner unter 65 Jahren oder jeder Fünfte. Mit der Entwicklung, die die Stadt genommen hat, zufrieden sind nach einer repräsentativen Umfrage der Landesbank Berlin mit 57 Prozent eher die ehemaligen DDR-Bürger Berlins.

Dass nun zusammenwächst, was zusammengehört, hatte Willy Brandt bei der Öffnung des Brandenburger Tores am 10. November 1989 verkündet. Trotz aller Probleme wuchs auch Berlin zwangsläufig zusammen. Der seit Juni 1990 vorangetriebene offizielle Abriss der Mauer ließ schon bald selbst für Ortskundige die Orientierung schwer werden. «Mauerspechte» hackten insbesondere die bemalten Stücke als Souvenirs aus dem Beton, noch ehe die Abrissbagger anrückten. Zahlreiche Straßen wurden umbenannt, insbesondere wenn sie Namen von «aktiven Demokratiegegnern» trugen, wie es in der entsprechenden Regelung hieß. Seit Mitte der neunziger Jahre wurde nach und nach der Verlauf der Mauer durch Markierungen auf der Straße nachgezeichnet. Die Eile, mit der sie verschwand, war nicht nur den Berlinern geschuldet, die in ihrer Mehrheit die hässliche Wand nicht mehr sehen wollten, sondern auch der unsicheren Lage in der untergehenden Sowjetunion 1990, wenngleich wohl niemand im Ernst annahm, dass die Maueröffnung noch einmal rückgängig gemacht werden könnte. Heute sind nur wenige Abschnitte der Originalmauer übrig geblieben. Sie stehen an der Niederkirchner-, der Liesen- und der Bernauer Straße. Die von Künstlern bemalte und von Touristen gerne photographierte sogenannte *East Side Gallery* zwischen Ostbahnhof und Oberbaumbrücke ist dagegen, wie auch alle übrigen Mauerreste, nur ein Teil der sogenannten Hinterlandmauer.

Die im Rückblick desaströse Hektik, mit der man mit zeitgeschichtlichen Stätten umging, zeigt, dass es kein gemeinsames Konzept für den Umgang mit der komplizierten Vergangenheit der geteilten Stadt gab. Dies machte auch die Erbitterung sichtbar, mit der 2006 im Bundestag um ein gemeinsames Gedenkstättenkonzept gerungen wurde. Daran änderte auch nichts, dass sich die Politik darin einig war, Straßen umzubenennen oder DDR-Politiker wie Willy Stoph, Erich Mielke, Egon Krenz oder Erich Honecker ebenso wie subalterne Dienstgrade der Grenztruppen wegen Schüssen auf Flüchtlinge vor Gericht zu stellen.

Die Auseinandersetzung um das offizielle Gedenken betraf beide deutsche Diktaturen, für die 1993 eine ebenfalls umstrittene zentrale Gedenkstätte in Schinkels Neuer Wache Unter den Linden eingerichtet wurde. Bereits in den achtziger Jahren war im ehemaligen Bendlerblock in Westberlin ein offizieller Erinnerungsort für den Widerstand gegen den NS-Staat errichtet worden. Bis 2005 entstand südlich des Brandenburger Tores das seit 1988 geplante Denkmal für die ermordeten Juden Europas nach einem Entwurf von Peter Eisenman.

Der Umgang mit der zweiten deutschen Diktatur und der Geschichte des Kalten Krieges in Berlin erwies sich als nicht weniger kompliziert. Für die Aufarbeitung der DDR-Geschichte entstand in Berlin bereits 1991 mit dem Stasi-Unterlagen-Gesetz die sogenannte Gauck-Behörde (offiziell: Bundesbeauftragte(r) für die Unterlagen des Staatssicherheitsdienstes der ehemaligen DDR), die heute nach ihrer zweiten Leiterin Birthler-Behörde genannt wird. Bereits in den ersten zehn Jahren stellten dort nahezu zwei Millionen Bürger einen Antrag auf Akteneinsicht. Sie blieb allerdings bis heute umstritten. Seit 1994 existiert im ehemaligen zentralen Stasi-Untersuchungsgefängnis in Berlin-Hohenschönhausen eine Gedenkstätte für die Opfer der kommunistischen Gewaltherrschaft.

Dass diese Diskussionen noch relativ unproblematisch verliefen, zeigte die weitere Debatte um die Erinnerung an den Kalten Krieg in Berlin. Zum Gedenken an die Berliner Mauer entstanden zwar einzelne Erinnerungsorte, so an der Bernauer Straße oder am ehemaligen Checkpoint Charlie, aber auch sie fanden keine ungeteilte Zustimmung. 2008 wurde dennoch eine Stiftung Berliner Mauer gegründet. Ähnlich umstritten war der Umgang mit anderen baulichen Hinterlassenschaften der DDR und des Kalten Krieges. Dies wurde am Beispiel des Palastes der Republik besonders deutlich, der bis 2009 vollständig abgetragen wurde und vielleicht bis 2016 durch eine Teilreplik des 1950 gesprengten Hohenzollernschlosses ersetzt werden soll. Einen architektonischen Hybridentwurf, der auch den Palast der Republik als Teil der DDR-Geschichte einbezogen hätte und in der Diskussion war, lehnte der Bundestag mit seiner Entscheidung vom 13. November 2003 ab. Das sogenannte Humboldt-Forum, in dem das teilrekonstruierte Hohenzollernschloss mit seinen geplanten außereuropäischen Sammlungen einen zentralen Platz einnehmen wird, soll ab 2013 gebaut werden. Seit April 2012 werden die Ausgrabungsstätten und der instabile märkische Boden befestigt sowie die Reste des Münzturms im Berliner Untergrund beseitigt.

Dass Ostberlin und Westberlin bis heute häufig unterschiedlich urteilen, bleibt unübersehbar. Dies hat aber viel weniger mit einer «Mauer in den Köpfen» zu tun, als manchmal angenommen wird. Viele Unterschiede haben andere Gründe. So ist offensichtlich, dass dem unterschiedlichen Votum beim Volksentscheid über die Fusion von Berlin und Brandenburg am 5. Mai 1996 kein Ost-West-Konflikt zugrunde liegen konnte. Wenn im Osten Berlins 54,7 Prozent gegen die Fusion stimmten, während in Westberlin 58,7 Prozent dafür waren, so hing das eher mit der Dominanz Ostberlins gegenüber dem Umland zusammen, die in vierzig Jahren «Hauptstadt der DDR» gewachsen war. Bezeichnenderweise lehnten auch die Brandenburger mit 63 Prozent die Fusion ab. Sie hatten den nicht immer positiven Sogeffekt der Metropole bereits zu DDR-Zeiten zur Genüge kennengelernt. Auch die zuletzt bei der Bundestagswahl 2009 an den früheren Mauerverlauf erinnernde Zweiteilung der Stadt in Wähler der Linken im Ostteil und CDU-Wahlerfolge in den Westbezirken kann nicht allein mit der ehemaligen Teilung der Stadt erklärt werden. Wichtiger sind bis heute die unterschiedlichen sozialen Milieus, die teilweise bereits weit vor 1945 vorhanden waren. Berlin bleibt nicht nur deshalb eine der aufregendsten Metropolen. Man darf auf die Zukunft gespannt sein.

Zeittafel

28.10.1237	Erste urkundliche Erwähnung Cöllns, gleichzeitig fiktives Gründungsdatum Cölln-Berlins
29.4.1244	Erste urkundliche Erwähnung Berlins
20.3.1307	Rechtsverbindliche Union von Cölln und Berlin
18.10.1415	Beginn der Hohenzollernherrschaft
28.6./12.12.1432	Offizieller Zusammenschluss von Cölln und Berlin
7.12.1446	Antijüdischer Pogrom
14.10.1448	Verlust städtischer Freiheit nach «Berliner Unwillen»
11.3.1486	Berlin wird kurfürstliche Residenzstadt
1.11.1539	Beginn der Reformation in Berlin
21.5.1671	Wiedergründung einer jüdischen Gemeinde
18.1.1701	Berlin wird Königliche Haupt- und Residenzstadt
24.10.1806	Besetzung Berlins durch französische Truppen
29.10.1838	Erste Eisenbahnverbindung Berlins
18.3.1848	Massaker an Demonstranten
18.1.1871	Berlin wird Hauptstadt des Kaiserreichs
9.11.1918	Ausrufung der Republik
5.–14.1.1919	Spartakusaufstand
17.3.1920	Zusammenbruch des Kapp-Putsches
1.11.1926	Gründung eines «Gaus Berlin» der NSDAP
30.1.1933	Hitler zum Reichskanzler ernannt
27.2.1933	Reichstagsbrand, verschärfte Verfolgung von NS-Gegnern
10.5.1933	Bücherverbrennung auf dem Opernplatz
1.–16.8.1936	Olympische Spiele in Berlin
9.11.1938	Pogrome gegen Juden («Reichskristallnacht»), Zerstörung der Berliner Synagogen
25./26.8.1940	Erster Luftangriff auf Berlin
14.10.1941	Deportation von etwa 35 000 jüdischen Berlinern
20.1.1942	Wannseekonferenz zur Organisation des Massenmords an den europäischen Juden
18.11.1943	Beginn der schwersten Luftangriffe auf Berlin (bis 25.4.1944: «Battle of Berlin»); weitere Höhepunkte:

	6.10.1944: Zerstörung der Spandauer Altstadt; 3.2. sowie 21.2.–19.4.1945: weitgehende Zerstörung der Berliner Innenstadt
20.7.1944	Gescheitertes Attentat Stauffenbergs auf Hitler
seit 25.4.1945	Eroberung Berlins durch die Rote Armee (2.5.: Kapitulation)
5.6.1945	Viermächteerklärung über Berlin
21./22.4.1946	Gründung der SED im Admiralspalast
25.2.1947	Auflösung Preußens
6.9./30.11.1948	Teilung der Berliner Verwaltungen
24.6.1948–4.5.1949	Erste Berlinkrise
17.6.1953	Höhepunkt des Aufstandes in Ostberlin
1958–1961/62	Zweite Berlinkrise
13.8.1961	Mauerbau in Berlin
3.6.1972	Inkrafttreten des Viermächte- und des Transitabkommens
21.6.1973	Inkrafttreten des Grundlagenvertrags
1987	Getrennte 750-Jahr-Feiern Berlins
9.11.1989	Erste Öffnung der Mauer an der Bornholmer Straße (Bösebrücke)
18.3.1990	Erste und letzte freie Volkskammerwahlen
6.5.1990	Erste freie Stadtverordnetenwahlen in Ostberlin seit 1946
11.1.1991	Wahl eines gemeinsamen Senats von Berlin
20.6.1991	Hauptstadtbeschluss des Bundestags
Juni/Sept. 1994	Verabschiedung der Alliierten aus Berlin
22.10.1995	Volksabstimmung über neue Berliner Verfassung (75,1 Prozent Zustimmung)
5.5.1996	Fusion von Berlin und Brandenburg scheitert.
4.7. 2002	Bundestagsbeschluss zum Wiederaufbau des Stadtschlosses. Im April 2012 beginnen die Bauarbeiten.
10.5.2005	Einweihung des Denkmals für die ermordeten Juden Europas
19.10.2006	Das Bundesverfassungsgericht lehnt die Klage Berlins auf finanzielle Sanierung durch den Bund ab.
18.9.2011	Bei der Abgeordnetenhauswahl erringt die Piratenpartei mit 8,9 Prozent einen Überraschungserfolg. Der Regierende Bürgermeister Wowereit bildet eine Große Koalition mit der CDU (1.12.2011).
voraussichtlich 2013	Eröffnung des Flughafens Berlin-Brandenburg «Willy Brandt».

Die Bürgermeister von Groß-Berlin

Adolf Wermuth (OB)	1912–1920
Gustav Böß (OB)	1921–1929
Arthur Scholz (Amtierender OB)	1929–1931
Heinrich Sahm (OB)	1931–1935
Oskar Maretzky (Amtierender OB)	1935–1937
Julius Lippert (Stadtpräsident)	1937–1940
Ludwig Steeg (OB/Stadtpräsident)	1940–1945
Joseph Goebbels (Stadtpräsident)	1944–1945
Arthur Werner (OB)	1945
Otto Ostrowski (OB)	1945–1947
Louise Schroeder (Amtierende OB)	1947–1948
Ferdinand Friedensburg (Amtierender OB)	1948

Ostberlin

Friedrich Ebert jr. (OB)	1948–1967
Herbert Kurt Fechner (OB)	1967–1974
Erhard Krack (OB)	1974–1990
Christian Hartenhauer (OB)	1990
Tino-Antoni Schwierzina (OB)	1990–1991
Ingrid Pankratz (Amtierende OB)	1990
Thomas Krüger (Amtierender OB)	1991

Westberlin

Ernst Reuter (OB u. RB)	1948–1953
Walter Schreiber (RB)	1953–1955
Otto Suhr (RB)	1955–1957
Willy Brandt (RB)	1957–1966
Heinrich Albertz (RB)	1966–1967
Klaus Schütz (RB)	1967–1977
Dietrich Stobbe (RB)	1977–1981
Hans-Jochen Vogel (RB)	1981
Richard von Weizsäcker (RB)	1981–1984
Eberhard Diepgen (RB)	1984–1989
Walter Momper (RB)	1989–1991

Regierende Bürgermeister des vereinigten Berlin

Eberhard Diepgen	1991–2001
Klaus Wowereit	seit 2001

Abkürzungen

ABC	Atomar, Biologisch, Chemisch
AEG	Allgemeine Elektricitäts-Gesellschaft
APO	Außerparlamentarische Opposition
AVUS	Automobil-Verkehrs- und Übungsstraße
BOB	Berlin Operation Base (CIA)
BVG	Berliner Verkehrs-Aktiengesellschaft
DSU	Deutsche Soziale Union
FDGB	Freier Deutscher Gewerkschaftsbund
FPR	Freiwillige Polizeireserve
FU	Freie Universität
GSSD	Gruppe der Sowjetischen Streitkräfte in Deutschland
IM	Inoffizieller Mitarbeiter (das MfS)
KgU	Kampfgruppe gegen Unmenschlichkeit
MfS	Ministerium für Staatssicherheit
NAG	Neue Automobil-Gesellschaft
NKFD	Nationalkomitee Freies Deutschland
NSA	National Security Agency
NTS	Narodno Trudowoi Sojus
NVA	Nationale Volksarmee
OB	Oberbürgermeister
OKW	Oberkommando der Wehrmacht
RB	Regierender Bürgermeister
RGW	Rat für gegenseitige Wirtschaftshilfe
RIAS	Rundfunk im amerikanischen Sektor
RZ	Revolutionäre Zellen
SBZ	Sowjetische Besatzungszone
SDS	Sozialistischer Deutscher Studentenbund
SMAD	Sowjetische Militäradministration
TU	Technische Universität
UFA	Universum Film-AG
UFJ	Untersuchungsausschuss Freiheitlicher Juristen
USPD	Unabhängige Sozialdemokratische Partei Deutschlands
WOGA	Wohnungsverwertungs-AG

Literaturhinweise

Asmus, Gesine (Hg.): Hinterhof, Keller und Mansarde. Einblicke in Berliner Wohnungselend 1901–1920, Reinbek 1982

Berlin Handbuch. Das Lexikon der Bundeshauptstadt, Berlin ²1993

Gedenkstätte Deutscher Widerstand (Hg.): Widerstand in Berlin 1933–1945, 14 Hefte, Berlin 1983 ff.

Görtemaker, M.: Die Berliner Republik. Wiedervereinigung und Neuorientierung, Berlin 2009

Hertle, H.-H.: Chronik des Mauerfalls. Die dramatischen Ereignisse um den 9. November 1989, Berlin ³1996

Hoerning, E.: Zwischen den Fronten. Berliner Grenzgänger und Grenzhändler 1948–1961, Köln 1992

Jersch-Wenzel, St., u. a. (Hg.): Von Zuwanderern zu Einheimischen. Hugenotten, Juden, Böhmen, Polen in Berlin, Berlin 1990

Jeschonnek, F., u. a.: Alliierte in Berlin 1945–1994. Ein Handbuch zur Geschichte der militärischen Präsenz der Westmächte, Berlin ²2007

Kellerhoff, S. F.: Hitlers Berlin. Geschichte einer Hassliebe, Berlin 2005

Kiaulehn, W.: Berlin. Schicksal einer Weltstadt, München 1997

Oberhauser, F., u. a.: Literarischer Führer Berlin, Frankfurt a. M. 1998

Reichardt, H. J./Schäche, W.: Von Berlin nach Germania. Über die Zerstörungen der Reichshauptstadt durch Albert Speers Neugestaltungsplanungen, Berlin 1998

Ribbe, W.: Geschichte Berlins, 2 Bde., Berlin ³2002

Rott, W.: Die Insel. Eine Geschichte West-Berlins 1948–1990, München 2009

Schäfer, H. D. (Hg.): Berlin im Zweiten Weltkrieg. Der Untergang der Reichshauptstadt in Augenzeugenberichten, München ²1991

Schultz, H.: Berlin 1650–1800. Sozialgeschichte einer Residenz, Berlin ²1993

Süß, W./Rytlewski, R. (Hg.): Berlin. Die Hauptstadt. Vergangenheit und Zukunft einer europäischen Metropole, Bonn 1999

Personenregister

Bildnachweis

S. 13: aus: W. Ribbe (Hg.): Geschichte Berlins, Bd. 1, München: C.H.Beck, 1985, S. 165 | *S. 16 f.:* aus: R. Dietrich (Hg.): Berlin. Zehn Kapitel seiner Geschichte, Berlin: de Gruyter, 1981, nach S. 112 | *S. 26 f.:* © bpk | *S. 39:* aus: Berlin (Georg Dehio, Hb. der dt. Kunstdenkmäler), Berlin: Deutscher Kunstverlag, 1994, S. 13 | *S. 41, 50:* © bpk | *S. 60 f.:* aus: Berlin Handbuch. Das Lexikon der Bundeshauptstadt, Berlin ²1993, S. 459; Bearbeitung: Peter Palm | *S. 63:* © bpk | *S. 76:* aus: W. Ribbe (Hg.): Geschichte Berlins, Bd. 2, München: C.H.Beck, 1985, S. 991 | *S. 79:* © bpk/Willi Saeger | *S. 85:* aus: F. Jeschonnek u. a.: Alliierte in Berlin 1945–1994. Ein Handbuch zur Geschichte der militärischen Präsenz der Westmächte, Berlin: Berliner Wissenschafts-Verlag, ²2007, S. 71 | *S. 95:* © bpk | *S. 111:* © bpk/R. R. Roth | *S. 118:* © bpk/Klaus Lehnartz | *S. 135:* © bpk / Dietmar Katz